RICARDO MATOS DE SOUZA

EDUCAÇÃO AMBIENTAL E CIDADANIA EM ÁREA DE RISCO DE DESLIZAMENTO:
o caso do Alto Tabuazeiro (Vitória, Espírito Santo)

Ricardo Matos de Souza

EDUCAÇÃO AMBIENTAL E CIDADANIA EM ÁREA DE RISCO DE DESLIZAMENTO: o caso do Alto Tabuazeiro (Vitória, Espírito Santo)

Editora CRV
Curitiba – Brasil
2018

Copyright © da Editora CRV Ltda.
Editor-chefe: Railson Moura
Diagramação e Capa: Editora CRV
Revisão: O Autor

DADOS INTERNACIONAIS DE CATALOGAÇÃO NA PUBLICAÇÃO (CIP)
CATALOGAÇÃO NA FONTE

So719

Souza, Ricardo Matos de.
  Educação ambiental e cidadania em área de risco de deslizamento: o caso do Alto Tabuazeiro (Vitória, Espírito Santo) / Ricardo Matos de Souza – Curitiba : CRV, 2018.
  150 p.

  Bibliografia
  ISBN 978-85-444-2915-0
  DOI 10.24824/978854442915.0

  1. Educação 2. Sociologia ambiental 3. Educação ambiental I. Título II. Série.

CDU 504.06   CDD 372.358
                                                           590

Índice para catálogo sistemático
1. Educação ambiental 590

ESTA OBRA TAMBÉM ENCONTRA-SE DISPONÍVEL EM FORMATO DIGITAL.
CONHEÇA E BAIXE NOSSO APLICATIVO!

2018
Foi feito o depósito legal conf. Lei 10.994 de 14/12/2004
Proibida a reprodução parcial ou total desta obra sem autorização da Editora CRV
Todos os direitos desta edição reservados pela: Editora CRV
Tel.: (41) 3039-6418 - E-mail: sac@editoracrv.com.br
Conheça os nossos lançamentos: **www.editoracrv.com.br**

Conselho Editorial:

Aldira Guimarães Duarte Domínguez (UNB)
Andréia da Silva Quintanilha Sousa (UNIR/UFRN)
Antônio Pereira Gaio Júnior (UFRRJ)
Carlos Alberto Vilar Estêvão (UMINHO – PT)
Carlos Federico Dominguez Avila (Unieuro)
Carmen Tereza Velanga (UNIR)
Celso Conti (UFSCar)
Cesar Gerónimo Tello (Univer. Nacional Três de Febrero – Argentina)
Eduardo Fernandes Barbosa (UFMG)
Elione Maria Nogueira Diogenes (UFAL)
Élsio José Corá (UFFS)
Elizeu Clementino de Souza (UNEB)
Fernando Antônio Gonçalves Alcoforado (IPB)
Francisco Carlos Duarte (PUC-PR)
Gloria Fariñas León (Universidade de La Havana – Cuba)
Guillermo Arias Beatón (Universidade de La Havana – Cuba)
Jailson Alves dos Santos (UFRJ)
João Adalberto Campato Junior (UNESP)
Josania Portela (UFPI)
Leonel Severo Rocha (UNISINOS)
Lídia de Oliveira Xavier (UNIEURO)
Lourdes Helena da Silva (UFV)
Marcelo Paixão (UFRJ e UTexas – US)
Maria de Lourdes Pinto de Almeida (UNOESC)
Maria Lília Imbiriba Sousa Colares (UFOPA)
Maria Cristina dos Santos Bezerra (UFSCar)
Paulo Romualdo Hernandes (UNIFAL-MG)
Renato Francisco dos Santos Paula (UFG)
Rodrigo Pratte-Santos (UFES)
Sérgio Nunes de Jesus (IFRO)
Simone Rodrigues Pinto (UNB)
Solange Helena Ximenes-Rocha (UFOPA)
Sydione Santos (UEPG)
Tadeu Oliver Gonçalves (UFPA)
Tania Suely Azevedo Brasileiro (UFOPA)

Comitê Científico:

Altair Alberto Fávero (UPF)
Ana Chrystina Venancio Mignot (UERJ)
Anna Augusta Sampaio de Oliveira (UNESP)
Andréia N. Militão (UEMS)
Diosnel Centurion (Univ Americ. de Asunción – Py)
Cesar Gerónimo Tello (Universidad Nacional de Três de Febrero – Argentina)
Eliane Rose Maio (UEM)
Elizeu Clementino de Souza (UNEB)
Fauston Negreiros (UFPI)
Francisco Ari de Andrade (UFC)
Gláucia Maria dos Santos Jorge (UFOP)
Helder Buenos Aires de Carvalho (UFPI)
Ilma Passos A. Veiga (UNICEUB)
Inês Bragança (UERJ)
José de Ribamar Sousa Pereira (UCB)
Jussara Fraga Portugal
Kilwangy Kya Kapitango-a-Samba (Unemat)
Lourdes Helena da Silva (UFV)
Lucia Marisy Souza Ribeiro de Oliveira (UNIVASF)
Marcos Vinicius Francisco (UNOESTE)
Maria de Lourdes Pinto de Almeida (UNOESC)
Maria Eurácia Barreto de Andrade (UFRB)
Maria Lília Imbiriba Sousa Colares (UFOPA)
Mohammed Elhajji (UFRJ)
Mônica Pereira dos Santos (UFRJ)
Najela Tavares Ujiie (UTFPR)
Nilson José Machado (USP)
Sérgio Nunes de Jesus (IFRO)
Silvia Regina Canan (URI)
Sonia Maria Ferreira Koehler (UNISAL)
Suzana dos Santos Gomes (UFMG)
Vânia Alves Martins Chaigar (FURG)
Vera Lucia Gaspar (UDESC)

Este livro foi avaliado e aprovado por pareceristas *ad hoc*.

À minha família.

AGRADECIMENTOS

As palavras seriam insuficientes para demonstrar o que vivi nestes 24 meses de mestrado, mas sei que em todos os momentos, tanto nos de alegria, assim como nas muitas aflições e angústias, o Senhor esteve ao meu lado contribuindo para que a minha fé fosse acrescentada a cada dia. E se existe um versículo que pode resumir essa história é o Salmo 119:71 "Foi-me bom ter sido afligido, para que aprendesse os teus estatutos".

Como agradecer a tantas pessoas por ter chegado até aqui. Não posso deixar de reconhecer que essa conquista não foi individual, sobretudo, pelo esforço que a conclusão de um Mestrado exige de cada um que se propõe a estudar um referido tema. Foram dias, e por que não dizer meses, nos quais as amizades estiveram impossibilitadas do nosso contato, tendo em vista que era necessário se dedicar aos estudos das bibliografias e das pesquisas de campo, aplicação de questionário, acompanhamento das atividades dos órgãos executores das atividades estatais, tais como secretarias e defesa civil.

Sendo assim, o percurso contou com a colaboração imensurável da minha orientadora Teresa da Silva Rosa que soube como conduzir este trabalho de forma profissional, lapidando-me a cada dia para uma melhor postura profissional. Sei que o seu trabalho não foi fácil, pois chegamos à academia com os nossos vícios e pensamentos muitas vezes imutáveis, e precisamos ir reconstruindo o nosso eu, tarefa que nos torna mais preparados para o mundo que nos espera.

Agradeço à minha família, principalmente meu pai, Aloísio Matos de Souza, e, minha mãe, Maria Francisca Costa de Souza, que mesmo com a simplicidade de ser, sabiam da responsabilidade que recaia sobre os meus ombros e acreditaram que eu poderia alcançar o êxito desta tarefa. Sonharam comigo, toleram minha ausência e contribuíram de forma inigualável com os meus afazeres. Sei que ainda viveremos muitas emoções juntos, pois a caminhada apenas começa quando pensamos que finalizamos um trabalho, pois, na verdade, estamos apenas reafirmando que poderemos ir além. Então por quamotivo parar se temos força para seguir em frente? Agradeço ainda ao meu irmão, que mesmo de longe me incentivou a continuar e não desistir até o final da caminhada.

A cada um dos professores convidados que desde o início do trabalho me ajudaram a construir essas ideias indicando-me a traçar o caminho ideal para a finalização deste trabalho. A professora *Tânia Mara Frizera Delboni*, com sua paciência e presteza em auxiliar na área da pedagogia, e ao professor

Marcos Barreto de Mendonça por me ajudar a compreender a lógica que está por detrás de um trabalho interdisciplinar, que se propõe a estudar direito, engenharia e sociologia.

Ainda com relação aos mestres não poderia me esquecer da aprendizagem singular que alguns me proporcionaram, a exemplo do *Alceu, Maria da Penha, Riberti, Paulo Edgar e Vitor Amorim*, e ao corpo docente do Programa em Sociologia Política da Universidade de Vila Velha de uma forma geral.

Aos amigos *Lívia Raquel Ornelas Franca*, *Mateus Cabral* e *Jéssica Raquel* que contribuíram com o tempo me ajudando a dar conta de tantos afazeres profissionais no primeiro semestre, meu muito obrigado, desejo sucesso na carreira profissional de cada um de vocês.

À minha turma (*Edvar, Moara Lacerda, Sayonara Passos, Rosa Helena e Viviane*), por termos passados esses dois anos de muitos artigos, resumos, resenhas. Tenho certeza de que haverá um dia no qual vamos nos orgulhar das nossas conquistas e seremos protagonistas de uma nova história em que pessoas aguardarão por um conhecimento que será apresentado por cada um de nós. A *Suellen Celante* pela contribuição com suas revisões.

À Fapes por ter contribuído com a bolsa de estudos capaz de alavancar este projeto, sem este patrocínio o projeto não seria o mesmo.

Aos profissionais do projeto Terra Mais Igual- Poligonal 14, em especial a Priscila, Luana E. Thays, por terem contribuído com o material de apoio, indispensável para a pesquisa e pela disposição para sanar as dúvidas advindas no meio do caminho.

Aos amigos(as) de longas datas *Alessandra Soares, Alessandra Martins, Antônio Cláudio Ferraz, Eliza Goulart, Idvane Palermo, Ivanécia Cardoso, Luana Ariane, Marcela Fardim, Miguel Augusto, Naiana Aparecida.*

A todos aqueles que de forma direta ou indireta contribuíram para a conclusão deste trabalho, aos líderes comunitários José, Maria e Pedro e aos agentes de saúde do posto de São Cristovão por me concederem um pouco da vivência de cada um. Por terem me ajudado a permanecer fiel à pesquisa e à comunidade, por me fazerem olhar com os olhos de um pesquisador o dia a dia árduo para a construção da cidadania e, acima de tudo, por cooperarem para o acesso à comunidade, inclusive nos finais de semana, quando poderiam usufruir do merecido descanso, mas mesmo assim optaram por fazer parte da pesquisa. Ressalto que entendi por prudente preservar seus nomes, colocando-os de forma fictícia para que não sofram nenhuma irresignação pelas informações prestadas.

"Quanto mais confiarmos na capacidade das futuras gerações de escolherem com sabedoria (ou, ao menos, tão bem quanto nós), menos precisaremos transmitir-lhes formas específicas de vida física".
Mary Douglas

SUMÁRIO

PREFÁCIO..15
Teresa da Silva Rosa

INTRODUÇÃO..19

CAPÍTULO I
OCUPAÇÃO DO SOLO, URBANIZAÇÃO E
CONSTRUÇÃO DA POBREZA..27
1.1 Contextualização da ocupação do solo urbano brasileiro................27
    1.1.1 A ocupação do solo Espírito Santense, habitação
    em Vitória e construção das áreas de risco..34
    1.1.2 Habitação e exclusão social: a representação da
    desigualdade por meio da moradia...42
    1.1.3 Uso e ocupação do solo urbano..43
    1.1.4 Entre o meio ambiente e a ocupação do solo na
    poligonal 14 – Alto Tabuazeiro..48
1.2 Risco..50
    1.2.1 Generalidades do risco..50
    1.2.2 Do risco ao desastre..55
    1.2.3 Das consequências da ocupação do solo e das áreas
    de risco – o desastre anunciado..59

CAPÍTULO II
ALTO TABUAZEIRO E PROJETO TERRA: da constatação ao
processo de remoção em área de risco...63
2.1 Área de estudo: Alto Tabuazeiro..63
2.2 O projeto Terra no Alto Tabuazeiro..75
2.3 Dos resultados... a vulnerabilidade do território:
a visão dos locais..79

CAPÍTULO III
EDUCAÇÃO E CIDADANIA AMBIENTAL – RECONSTRUINDO
VALORES ATRAVÉS DO PROJETO TERRA MAIS IGUAL?............85
3.1 Contextualizando a preocupação com o meio ambiente
e crise ecológica...85
3.2 Educação ambiental..90
3.3 Contribuindo para a educação ambiental?....................................102
3.4 Cidadania para o meio ambiente...109
3.5 A cidadania e meio ambiente no Projeto Terra Mais Igual:
contribuição para cidadania ambiental?..126

CONSIDERAÇÕES FINAIS..137

REFERÊNCIAS..143

PREFÁCIO

Nos últimos anos, o estado do Espírito Santo, em especial, a Região Metropolitana da Grande Vitória (RMGV – ES) vem sendo impactada por eventos meteorológicos extremos seja de chuvas intensas seja de estiagens prolongadas. Para ilustrar, o volume das chuvas que caíram no início do mês de novembro de 2018 atingiu, somente em 24 horas, a marca de 147mm em Vitória quando o esperado para o mês de novembro é de 220mm[1]. Ocorrências de deslizamentos de terra, inundações, alagamentos, pessoas desalojadas já foram reportadas na mídia local e nas redes acionando as Defesas Civis locais. A situação de alerta máximo foi decretada pela Defesa Civil de Vila Velha desde o início da mesma manhã, onde aulas foram suspensas em instituições de ensino públicas e privadas; dificuldades de locomoção devido ao transbordamento de leitos de rios, retilinizados por obras urbanas ocorreram; diferentes bairros estiveram com várias de suas vias completamente debaixo d'água; pacientes do Hospital de Cobilândia foram transferidos devido à água ter adentrado em seu prédio; eventos culturais do fim de semana foram adiados... Ou seja, a vida da cidade foi, momentaneamente, alterada. Para alguns atingidos, houve uma ruptura em suas rotinas cotidianas por estarem desalojados.

Esse evento meteorológico em novembro de 2018 lembra o de dezembro de 2013 no Espírito Santo quando todo o estado, simplesmente, parou por dias seguidos diante da intensidade da pluviosidade e dos impactos causados, principalmente, para as populações vulnerabilizadas morando em áreas de risco de desastres... Lembra, também, outros casos que ocorreram pelo país nos últimos anos[2], mas especialmente, em Vitória, o deslizamento do Morro do Macaco em 15 de janeiro de 1985. É esse desastre que vem sendo abordado no presente livro. A partir do desastre do Morro do Macaco, hoje, conhecido como Alto Tabuazeiro que Ricardo Matos de Souza se mobilizou para lançar luz sobre uma discussão tão crucial para o país (nem sempre devidamente valorizada): a compreensão do papel da Educação Ambiental e da Cidadania em áreas de risco de movimento de terra.

---

1 Disponível em: <https://www.climatempo.com.br/noticia/2018/11/09chuva-no-espirito-santo-so-comeca-a-diminuir-no-domingo-8421>.
2 Não tem como não lembrar do megadesastre da Região Serrana do Rio de Janeiro em 2011 sem falar, apesar do caráter mais tecnológico, do desastre da Samarco em novembro de 2015 ou de Cubatão de 1980.

O livro se baseia sobre um cenário de risco multifatorial ao qual estão expostas populações vulnerabilizadas pelo processo de industrialização e de urbanização em áreas de desenvolvimento tardio. É resultado, portanto, da conjugação de diferentes fatores, onde se pode destacar os eventos hidrológicos extremos e o uso e ocupação do solo urbano. Na RGMV, esse uso do solo "permitiu" a ocupação, muitas vezes, de áreas de preservação permanente (APP) – encostas de morros (com declives, algumas vezes, acentuados), margens de rios bem como de manguezais – fazendo com que, hoje, as mesmas populações tenham de lidar tanto com o risco de inundações quanto de movimentos de massa. Esse é um risco real quando valores pluviométricos estão bem acima do usual. Essas APPs são reguladas por lei federal – desde 1934, passando pelo texto de 1965 e, na sua última versão, de 2012 – em função tanto da sua vulnerabilidade natural quanto do seu papel no ecossistema local. No entanto, elas são, principalmente, para alguns setores da sociedade, "vazios" urbanos dando a entender que, sendo um vazio, nada existe, podendo ser ocupado indiscriminadamente.

O que sustenta essa forma de lidar com o solo enquanto um recurso natural é uma visão da realidade, onde os fatores biogeofísicos compondo os territórios urbanos não são reconhecidos como elementos que devem ser respeitados. Se o fossem, isso teria implicado numa ocupação que teria adotado como premissa o respeito à tais elementos, de suas naturais capacidades de recuperação. Em outras palavras, é de uma perspectiva de mundo que se está falando, onde o uso do solo teria internalizado o direito da Natureza (GUDYNAS, 2015) tendo um valor intrínseco. Assim, valorando seus elementos nem utilitariamente nem antropocentricamente, mas, sim, em termos da função desempenhada por cada um deles no funcionamento dos ecossistemas, quer dizer, "[...] en el entramado de la vida" (GUDYNAS, 2015, p. 28), estaria se assumindo o valor intrínseco que aqueles elementos têm para a Vida (CALLICOT, 1985[3]), os quais estão muito além dos valores utilitaristas adotados pelos seres humanos nos últimos séculos. Essa perspectiva teria, talvez, alçado as políticas públicas a um nível, provavelmente, do que a Economia Ecológica considera como sendo ecologicamente sustentável. Ou, então, a uma concepção de políticas sendo desenhadas segundo referências especificamente locais, buscando estabelecer uma "sociedade verde" nos moldes da Ecologia Profunda que

---

3 CALLICOT, J. Baird. Intrinsic Value, Quantum Theory, and Environmental Ethics. **Environmental Ethics** v. 7, Issue 3, p. 257-275, Fall 1985.

atingiria três metas – a sustentabilidade ecológica, a construção da paz e a justiça social (NAESS, 1995, p. 447[4]).

Para os povos tradicionais latino americanos, essa Natureza é a Pacha Mama (ACOSTA, 2016), o que teria se desdobrado em uma ética ecocêntrica da ação seja pública seja privada. Tal ética teria sido transmitida através de uma concepção de Educação que, hoje, se chamaria Ambiental, a qual estaria contribuindo, de um lado, para um respeito profundo à Natureza graças ao valor em si mesma; e, de outro lado, para um processo de construção de Cidadãos ecologicamente conscientes e socialmente críticos capazes de projetar ações que estivessem realmente preocupadas tanto com os impactos para as gerações presentes e futuras, mas, antes de tudo, preocupados com a Natureza, Pacha Mama. Cidadãos que estejam assumindo o seu caráter de ser sapiens, ser sábio, ser capaz de contribuir para a Natureza como todo ser vivo o faz. E não degradá-la irresponsavelmente ao ponto de influenciar profundamente na dinâmica global planetária a partir de decisões tomadas localmente. É essa a época do Antropoceno com a qual todos os seres vivos estão tendo que lidar.

Utopia, diriam alguns. Realmente, nos dias de hoje, pensar em uma perspectiva ecocêntrica de mundo parece algo extremamente longínquo da gramática ocidental, onde limites são facilmente transponíveis, pois são vistos como impedimentos, obstáculos a criatividade da Modernidade (BERRY, 1995[5]). Mas desenhar com a Natureza é uma poesia que as "outras culturas" que Descola (2016[6]) traz em sua obra, nos permitem observar como os Achuar da Amazônia que não se distanciam da Natureza. Ao contrário, eles reafirmam a sua essência de ser, mais do que integrando-se, estando em comunhão com essa entidade que é a Natureza. Essa visão de si mesmos os fazem estabelecer relações com os Outros seres da floresta perpassada por um reconhecimento sagrado, por relações permeadas de um respeito absoluto por esses Sujeitos que co-habitam o seu território. Não há um "vazio", nesse sentido, porque eles fazem parte de um todo, a Natureza. Contudo, a realidade é regida por outras premissas que compõem uma outra gramática. Capitalismo, perspectiva antropocêntrica e utilitarista de ocupação do solo numa lógica de apropriação e violação da natureza regida pelo controle da mesma, que acarreta num processo de construção

---

4   NAES, A. Politics and Ecological crisis – an introductory note. In: SESSIONS, G. (Ed.). **Deep ecology for the 21st century – readings on the phislophy and practice of the new environmentalism**. Boston: Shambala Publ. 1995. p. 445-453.

5   BERRY, T. The viable human. In: SESSIONS, G. (Ed.) **Deep ecology for the 21st century – readings on the phislophy and practice of the new environmentalism**. Boston: Shambala Publ. 1995. p. 8-18.

6   DESCOLA, P. **Outras naturezas, outras culturas**. São Paulo: Ed. 34, 2016.

de vulnerabilidades e de enfrentamento de riscos demandando uma gestão do risco para que a vida de seres humanos seja preservada. Numa lógica do capital, isso nos remete a ideia foucaultiana da biopolítica... numa gramática universalizante do assujeitamento do Outro.

Em termos de território urbano, o Alto Tabuazeiro, em Vitória, lembra outros, principalmente, em áreas periféricas, os quais são perpassados pela ocupação de áreas de risco seguida de remoções top-down desrespeitando as comunidades dessas áreas; pelas políticas públicas ambientais e urbanas que são costuradas pelo viés economicista; pelas decisões contaminadas por interesses individuais de certos setores – e não em prol do coletivo; ou pelas omissões de atores chaves que deveriam visar um projeto societal e de cidadania ecologicamente sustentável e socialmente justo – e não reforçando as situações de desigualdades e de injustiças socioambientais. Esse livro desvela, finalmente, uma situação que ilustra, de um lado, como o ator estatal lida com o risco em que se situa toda uma comunidade através de suas ações; e, de outro, como os movimentos comunitários procuram ter seus direitos respeitados, demonstrando uma certa capacidade de mobilização e de publicização de demandas locais num cenário onde a falta de planejamento se destaca.

Boa leitura!

Teresa da Silva Rosa
Vila Velha, Novembro de 2018.

INTRODUÇÃO

Primeiramente, como forma de alocar entre outros temas, o tema central em desenvolvimento neste projeto, qual seja, a educação e cidadania ambiental no município de Vitória, e isto pelo viés do Projeto Terra Mais Igual[7] – demonstrado por meio de sua atuação no bairro do Alto Tabuazeiro, vale trazer para o debate um panorama geral da preocupação com o meio ambiente diante de um modelo de desenvolvimento que, em seu âmago, não possui limites estabelecidos quanto ao uso de recursos naturais. Ou seja, não há demonstração de compatibilizá-lo com a natureza compreendida como sistema no qual o ser humano, indiscutivelmente, faz parte[8]. Neste sentido, vale caminhar de acordo com o Leff alude, que, em sua fala, consegue estabelecer um marco com a questão ambiental:

> a crise ambiental se torna evidente nos anos 60, refletindo-se na irracionalidade ecológica dos padrões dominantes de produção e consumo, e marcando os limites do crescimento econômico. Desta maneira, inicia-se o debate teórico e político para valorizar a natureza e internalizar as "externalidades socioambientais" ao sistema econômico.[9]

Em que pese à citação acima, fazer referência a um quadro de crise ambiental, de forma mais generalizada, cabe então demonstrar, com base nas palavras de Waldman, que, em específico no Território Brasileiro,

> as cidades estão no centro das questões ambientais. Sendo que isso se articula, também, com um panorama de desigualdade social que tem se aprofundado nas últimas décadas por conta de um processo de desenvolvimento que produz exclusão social e injustiça ambiental. Este quadro se revela através de dados, preocupantes, quanto às condições de vida existentes nas cidades brasileiras, quando a metade da população do Rio de Janeiro e São Paulo, as duas metrópoles nacionais, moram em assentamentos subnormais ou irregulares, compreendendo favelas, invasões, comunidades ou palafitas.[10]

Diversos levantamentos, em específico o Censo Demográfico do ano de 2010, evidenciam que 33% da população da cidade de Salvador moram

---

7   O Projeto Terra Mais Igual é originado do Projeto São Pedro sendo que inicialmente passou a se chamar de Terra Mais e posteriormente Terra Mais Igual, como é ultimamente conhecido, por mudanças na gestão política.
8   DA-SILVA-ROSA, T.; VEIGA, J. E. (Orgs.). **Economia socioambiental**. São Paulo: SENAC, 2009.
9   LEFF, Enrique. **Saber ambiental**. 5. ed. Petrópolis: Vozes, 2001. p. 15.
10   WALDMAN, Maurício. Natureza e Sociedade como espaço de cidadania. In: PINSKY, Jaime; CARLA BASSANEZI PINSKY (Orgs.). **História da Cidadania**. São Paulo: Contexto, 2003. p. 550.

em áreas invadidas; 34% em Fortaleza; 40% em Recife; 20 % em Belo Horizonte e em Porto Alegre; e 12% em Vitória.[11] Consequentemente, os problemas urbanos relacionam-se diretamente com um significativo rol de problemas ambientais básicos vivenciados pelo povo brasileiro.[12]

Dentre outros, podem ser destacados a questão do (mau) uso destinação dos recursos hídricos, da poluição do ar e da destinação dos resíduos sólidos, uma vez que este último justifica, juntamente com outros mais, a ocorrência de desastres. Como por exemplo os deslizamentos em decorrência da ocupação de áreas de risco.[13] Na ausência dessa compreensão de que o homem, fazendo parte do meio ambiente e, portanto, seria responsável por seu equilíbrio, os princípios e legislações ambientalistas tornam-se simplesmente *elitistas,* pois acabam favorecendo um determinado grupo. Dessa forma, há um discurso oficial dissonante da prática e, assim, torna-se desfocado (porque não responde) aos problemas ambientais que, de fato, acometem o conjunto da população do nosso país. Neste contexto, a Constituição Federal de 1988 (artigo 225, caput c/c o art. 5º, §2º[14]) atribuiu a proteção ambiental e – pelo menos em sintonia com a posição prevalente no seio da doutrina e jurisprudência – o status de direito fundamental do indivíduo e da coletividade, além de consagrá-la como um dos objetivos ou tarefas fundamentais do Estado de Direito brasileiro– no caso, um Estado Socioambiental – sem prejuízo dos deveres fundamentais em matéria socioambiental.

Logo, tomando por base os temas anteriores, que servem como ponto de partida para esta pesquisa, a proposta desta investigação é considerar a questão da educação e da cidadania ambiental. Fazendo um paralelo com os ditames estabelecidos na Constituição Federal, cuja perspectiva seria de estabelecer um Estado Socioambiental. Este estudo vai ter como referência populações situadas em áreas de risco, na Região Metropolitana da Grande Vitória, em específico no bairro Alto Tabuazeiro. Compreende-se, para tal, que tais áreas são reflexo de um projeto de desenvolvimento, no qual

---

11   Este último dado refere-se ao Atlas Brasil. Disponível: <www.atlasbrasil.org.br/2013/p/perfil_m/vitoria_es>. Acesso em: 10 fev. 2015.
12   Em termos de Brasil, de acordo com o Censo 2010, do Instituto Brasileiro de Geografia e Estatística (IBGE8), o país possui 6.329 assentamentos subnormais ou irregulares, compreendendo favelas, invasões, comunidades, palafitas, entre outros, situados, basicamente, em 323 dos 5.565 municípios brasileiros. Estes assentamentos concentram 6,0% da população brasileira, ou seja, 11.425.644 pessoas 9, distribuídos em 3.224.529 domicílios particulares ocupados, muitos com acesso ainda bastante precários à água e ao saneamento. Ainda segundo o IBGE, 88,6% desses domicílios se situam em 20 regiões metropolitanas, sendo que praticamente a metade (49,8%) está na Região Sudeste.
13   TOMINAGA, Lídia Keiko; SANTORO, Jair; AMARAL, Rosangela do (Orgs.). **Desastres naturais**: conhecer para prevenir. São Paulo: Instituto Geológico, 2009.
14   Art. 225 "Todos têm direito ao meio ambiente ecologicamente equilibrado, bem de uso comum do povo e essencial à sadia qualidade de vida, impondo-se ao Poder Público e à coletividade o dever de defendê-lo e preservá-lo para as presentes e futuras gerações.

o processo de urbanização coloca em situação de vulnerabilidade populações excluídas pelo mesmo. Assim, com este intuito, pretende-se estudar a educação e a cidadania ambiental, compreendendo-as como fatores contribuintes ao processo de construção de um Estado Socioambiental e tendo como pano de fundo o projeto de desenvolvimento do Brasil e do Espírito Santo. Vale considerar que a cidadania ambiental é apreendida como sendo desenvolvida pelo viés da educação, uma de suas principais atividades e, para tal, se considerará o Projeto Terra Mais Igual como possível vetor de construção de cidadania ambiental.

Ademais, nesta mesma linha de raciocínio, cuja perspectiva é analisar se o projeto de Cidadania, estabelecido a partir da CRFB desde 1988, tem alcançado as áreas nas quais estão inseridas as populações em situação de risco. Nesse sentido, o que se procurará situar é a questão em território específico, denominado "Morro do Macaco"[15], recentemente denominada de Poligonal 14, localizada no município de Vitória. Cabe relembrar uma vez que foi justamente neste local que ocorreu, em 1985, um deslizamento de terra **(Anexo I)**, que, em síntese, conforme laudo geotécnico[16] "depois de um período excepcional de chuvas, ocasionou a morte de dezenas de moradores da região e promoveu forte comoção que até extrapolou as fronteiras do Estado do Espírito Santo". A ideia aqui é de tomar em consideração essa história (sendo, então, relevante este acompanhamento) com o intuito de observar se os moradores que, atualmente, ali residem guardam na memória o referido fato; e se as ações existentes conseguem estabelecer a consciência cidadã naquele local, compreendida, na pesquisa, pelo viés da educação e do referido projeto Terra Mais Igual. Esse resgate da memória será trabalhado como indicativo estratégico colaborando para Redução de Risco e Desastre-RRD.

Retomando a questão da vulnerabilidade que se insere a referida população, há, ainda, de se observar o "acirramento das desigualdades" que foi sendo construído ao longo dos anos. Tal como analisou Mattos, o quadro de exclusão gerado na Região Metropolitana da Grande Vitória, ocorreu devido a um modelo estabelecido em que a classe vulnerável foi sendo "liberada" para a periferia. Prontamente,

---

15 O referido nome encontra entres aspas tendo em vista que, com o passar dos anos, os moradores compreenderam esta nomenclatura como pejorativa, o que ocasionou a alteração da denominação do território para constar, atualmente, como o Alto do Tabuazeiro.
16 UR – CONSULTORIA DE SOLOS e FUNDAÇÕES LTDA (BRASIL). Laudo geotécnico sobre estabilidade de encosta do Morro do Macaco, em Tabuazeiro, Vitoria, ES, 25 jun. 1985.

O acirramento da desigualdade socioespacial a partir da década de 1980 aprofundou o processo de concentração da riqueza no núcleo da RMGV. O número de trabalhadores em situação de vulnerabilidade, concentrados de forma intensa na periferia, a alta concentração das categorias superiores na capital, a elevada concentração do percentual de pobres nas periferias e a alta concentração de renda no município de Vitória e no litoral do município de Vila Velha evidenciam o aumento da distância social entre o centro e a periferia.[17]

Adicionando a este quadro de exclusão, cujo reflexo viria a ser reforçado no decorrer dos anos, tem-se em vista que essa população, que permaneceu em condições de vulnerabilidade, seria (e foi) prejudicada pela falta de acesso a itens básicos, tais como saneamento e moradia digna. Essa questão pode ser confirmada tomado por base os dados apresentados por Siqueira de que na Grande Vitória, 47,9% da população, na década de 80, vivia em áreas irregulares, habitações desumanas, sem as mínimas condições de higiene, com deficiência de luz, água e saneamento básico[18].Tal fato só veio justificar o histórico que antecedeu os problemas de uma aparente *ausência* do Estado para uma dada população, em que

> os processos de urbanização de favelas convivem com os de remoção e se somam aos projetos de controle dos espaços públicos. Em nome da ordem social e urbana, indispensável para os investimentos externos, limpa-se o espaço ocupado pela elite econômica e intelectual, liberando a periferia para os pobres.[19]

Em suma, por meio dessa breve visão histórica do processo de urbanização que culminou na ocupação, pela classe vulnerável, das áreas que não deveriam ser ocupadas porque eram, ainda, áreas de preservação permanente (APP) pela legislação brasileira, o que veio criar, então, uma situação de risco, pretende-se identificar e estudar o desenvolvimento da perspectiva educacional do Projeto Terra Mais Igual, desenvolvido para o referido território- o Alto Tabuazeiro bem como sua relevância para o contexto atual em que estamos vivendo de crise ambiental e de desastres envolvendo áreas de risco. Sobretudo, pretende-se verificar se os esforços empregados têm demonstrado algum retorno para a comunidade local, o que somente é possibilitado pela análise crítica, através de dados, entrevistas e demais procedimentos metodológicos que alcançam respostas, para essas indagações.

---

17 MATTOS, Rossana. **Expansão urbana, segregação e violência**. Um estudo sobre a região metropolitana da Grande Vitória. Vitória/ES: EDUFES, 2013. p. 207.
18 SIQUEIRA, Maria da Penha Smarzaro. **Industrialização e Empobrecimento Urbano – o caso da Grande Vitória 1950 a 1980**. 2. ed. Vitória, 2010. p. 134.
19 Ibid.

Ao avaliar questões atinentes a educação assim como a construção de uma cidadania pelo viés que o projeto consegue expressar, a referida avaliação torna-se um indicativo para que os gestores bem como a comunidade possam expressar o seu entendimento a respeito das contribuições alcançadas no decorrer dos anos. Sobretudo se consideramos o fato de que há uma carência de análises destes projetos municipais que são Políticas Públicas, como Bonduki, observou:

> No quadro de escassez de recursos que caracteriza todas as esferas do poder público no país e, em contrapartida, diante da enorme demanda existente por serviços e equipamentos sociais, o desenvolvimento de um processo contínuo de avaliação das políticas públicas é absolutamente indispensável. Trata-se de um dos principais instrumentos para o planejamento de ações do governo, para racionalização na utilização de recursos e a revisão das diretrizes e normativas que orientam os programas públicos, podendo garantir um processo permanente de aperfeiçoamento dos programas sociais.[20]

É com base nesta crítica acima, e também nas justificativas apresentadas anteriormente, que torna-se peculiar a análise deste projeto demonstrando o seu quadro atual, o que será feito por meio da retomada de diagnósticos anteriores e do histórico das ações realizadas no sentido de demonstrar algumas possíveis contribuições que poderão ser empregadas para o seu melhor aprimoramento.

Neste ínterim, vale ainda destacar que a escolha da referida linha de pesquisa tem como finalidade responder a um aspecto particular: mesmo diante do extenso histórico de desastres ocorridos anualmente nos municípios do Estado do Espírito Santo, e diante dos inúmeros perigos gerados nestas áreas de risco, há ainda uma ocupação maciça destes lugares (normalmente, encostas dos morros), o que aumenta mais ainda o meu anseio enquanto pesquisador com interesse na questão ambiental – demonstrar como a Educação Ambiental e o Projeto Terra Mais Igual, neste caso específico, podem, de alguma forma, contribuir para a construção da cidadania ambiental ativa, tornando o agente mais participante nas tomadas de decisões e mais reconhecedor de que ele faz parte do problema e, também, contribui para a solução, oportunidade em que, usando de suas estratégias, pode amenizar os problemas da comunidade.

Consequentemente, embora não estejamos aqui antecipando uma posição sobre a maneira mais adequada de observar a Educação Ambiental brasileira, porém apenas a título de argumentação para um aspecto preliminar do trabalho,

---

20 BONDUKI, Nabil. Uma metodologia para avaliar programas de habitação. In: BARREIRA, Maria Cecília Roxo Nobre; CARVALHO, Maria do Carmo Brant de (Orgs.). **Tendências e perspectivas na avaliação de políticas e programas sociais**. São Paulo: IEE/PUC- SP, 2001.

adota-se o posicionamento de Loureiro, sobre o papel da Educação Ambiental, no qual ele salienta que:

> ... no Brasil se volta, assim, para a formação humana. O que significa dizer que a esta cabe o conhecimento (ecológico, científico e político-social) e o comportamento, mas, para que isso ocorra, deve promover simultaneamente:
> - a participação ativa das pessoas e grupos na melhoria do ambiente;
> - a autonomia dos grupos sociais na construção de alternativas sustentáveis;
> - o amplo direito à informação como condição para tomada de decisão;
> - mudança de atitudes;
> - a aquisição de habilidades específicas;
> - a problematização da realidade ambiental.[21]

Em observância aos pontos acima, qual seja o de analisar este quadro de exclusão e ocupação das áreas de risco, é que se insere o contexto crítico da educação, sobre o qual referenciou Loureiro, demonstrando a perspectiva de uma participação, que, na verdade, tem o cunho de desenvolver o aspecto cidadão do indivíduo diante das questões que lhe são postas. Nesta senda, a proposta da pesquisa é, justamente, conseguir colocar em diálogo às referidas temáticas com a finalidade de obter, através do resultado final, uma abordagem de forma mais específica sobre o reflexo da educação ambiental bem como quais as contribuições que o "Projeto Terra Mais Igual" foi capaz de proporcionar neste território, considerado como uma comunidade residente em área de risco.

Em suma, é com base nas premissas anteriores, em que se objetiva responder as diversas inquietações desta pesquisa, este estudo tem como objetivo geral analisar como a educação ambiental e cidadania como pano de fundo de um projeto habitacional pode contribuir para a diminuição das ocupações das áreas ambientalmente vulneráveis no Município de Vitória. Para responder a tal objetivo, os seguintes objetivos foram cumpridos:

- Analisar a ocupação do solo urbano a partir da década de 50/60.na Região Metropolitana da Grande Vitória de modo a compreender como esta ocupação pode contribuir para a construção das áreas de vulnerabilidades socioambientais expostas ao risco de desastre.
- Elaborar uma Revisão de Literatura sobre ocupação do solo, urbanização, construção da pobreza risco e desastres em áreas de desenvolvimento tardio, educação e cidadania ambiental;

---

21 LOUREIRO, Carlos Frederico B. **Sustentabilidade e Educação um olhar da ecologia política**. São Paulo: Cortez, 2012. p. 84.

- Fazer uma contextualização histórica do Projeto Terra Mais Igual, desenvolvido em áreas de risco no município de Vitória, e, de forma mais específica, observar a sua atuação na Poligonal 14 Alto Tabuazeiro, descrevendo os seus objetivos e, sobretudo, aqueles que dão foco às temáticas de Educação e Cidadania Ambiental.
- Discutir os dados levantados junto aos moradores da comunidade do Alto Tabuazeiro quanto às suas características socioeconômicas, a percepção relativa aos problemas do bairro e às ações de educação e cidadania ambiental desenvolvidas na comunidade.

E, como, forma de atingir os objetivos acima, optou-se por utilizar os seguintes procedimentos metodológicos: primeiramente, fazer um levantamento bibliográfico das principais categorias de estudo, quais sejam, a ocupação do solo urbano, risco, desastre. A partir de então, estabelecer uma transdisciplinariedade entre a Sociologia Ambiental, a Educação Ambiental, a Engenharia, o Direito e a Pedagogia.

Ainda a respeito dos aspectos metodológicos, procedeu-se à construção interpretativa sobre as questões que norteavam a investigação sobre a temática central de estudo. Dessa forma, combinou-se a construção do saber com a interpretação sobre o próprio saber. Daí, a necessidade de se mapear este projeto, cujo intuito foi o de contribuir na construção da cidadania ambiental. Adotou-se, ainda, para atingir esses objetivos, as seguintes atividades: 1) realização de entrevistas com agentes integrantes do projeto Terra Mais Igual; 2) aplicação de questionário aos frequentadores do Posto de Saúde que atende a comunidade do Alto Tabuazeiro – São Cristovão, assim como a moradores da comunidade; 3) Entrevista com líderes atuantes na comunidade, de forma mais específica a três líderes: uma religiosa, e dois líderes comunitários. Os procedimentos anteriores tiveram por questão precípua responder as inquietações a respeito da percepção de risco registrada na comunidade. Cabe ressaltar que foi feito um mapeamento das atividades desenvolvidas nesta adjacência e, a partir disso, foi elaborada uma análise dos seus discursos com o fim de verificar a inserção de categorias como a de risco e de identificar estratégias que possam estar contribuindo para a promoção da cidadania ambiental.

Assim, este trabalho está disposto em três partes, da seguinte forma:

No primeiro capítulo, será apresentada uma perspectiva geral a respeito da ocupação do solo urbano brasileiro, tendo como marco para este estudo o processo de Industrialização do país dos anos 60, o que será desenvolvido de uma forma breve para, posteriormente, fazer uma contextualização com a ocupação do solo urbano da Região Metropolitana da Grande Vitória- RMGV, demonstrando como as classes menos favorecidas foram sendo, ao longo dos anos, "empurradas" para estas áreas de risco.

No segundo capítulo, a partir da escolha da área de estudo, qual seja, Alto Tabuazeiro – Poligonal 14, será feita a descrição da área inserida no município de Vitória, revelando as suas características socioeconômicas e ambientais, demonstrando como a área está inserida dentro do mapa da cidade, explicando as suas origens na formação do território, com o viés voltado para a apresentação dos principais problemas existentes nesta região. Além disto, está sendo caracterizado o projeto Terra Mais Igual.

Por fim, no terceiro e último capítulo, serão apresentados os conceitos de educação e cidadania ambiental, de maneira a demonstrar como eles foram sendo trabalhados e modificados ao longo do tempo, trazendo o esclarecimento que os autores deste campo conseguem imprimir a respeito das suas modificações. Ainda neste mesmo contexto, será avaliado como essas duas temáticas têm a possibilidade de contribuir para um Estado Democrático Ambiental mais igualitário, sopesando que não basta apenas trazer um discurso teórico, mas, acima de tudo, é preciso estabelecer práticas com a finalidade de firmar ditames para este discurso, razão pela qual serão apresentados exemplos de projetos aplicados em outros municípios cuja percepção a respeito dos desastres tornou-se notória. Nesta senda, o trabalho é fruto de uma gama de reflexões que foram amadurecidas ao longo de dois anos, no decorrer do mestrado.

Este é o caminho. Importa neste momento fazer a trilha.

CAPÍTULO I

OCUPAÇÃO DO SOLO, URBANIZAÇÃO E CONSTRUÇÃO DA POBREZA

1.1 Contextualização da ocupação do solo urbano brasileiro

Este capítulo tem, entre outros objetivos, o de demonstrar como, no decorrer dos anos, a ocupação do solo urbano brasileiro e, posteriormente com o foco na RMGV, foi ocorrendo. O intuito é o de compreender ou discutir como se constituíram os chamados espaços urbanos vulneráveis.[22] Para tanto, é importante fazer um breve retrospecto nas mudanças ocorridas na sociedade de uma forma geral, que irão revelar as origens das características da sociedade atual. É a partir dessa ideia que Oliveira et al., levam-nos a compreensão de que:

> "sinônimo de adensamento populacional, as cidades, a partir da revolução industrial, vêm, cada vez mais, se tornando hegemônicas enquanto polo de atração de força de trabalho, ao ponto de se tornar, já no início do corrente século XXI, o local de moradia da maioria da população mundial"[23].

A análise acima clareia a apreciação de que o "movimento das massas" e "forças de trabalho" é o que determina o povoamento das cidades, pois, como pretenso centro atrativo de melhores condições de trabalho, são determinantes para o maior contingente populacional que, por via de consequência, terão o cunho de demonstrar o surgimento de diversos problemas.

Estudar os aspectos que envolvem as cidades é lidar com questões complexas, tendo em vista que nas cidades os problemas da humanidade são apresentados de forma mais latente. Embasado neste aspecto é que Lefebvre apud Lira e França, consegue esclarecer que:

> Ao entender a cidade como um produto histórico, geográfico, social e econômico, construção contínua e essencial ao desenvolvimento da

---

22   Espaços urbanos vulneráveis podem ser compreendidos como locais de residências autoconstruídas sem planejamento arquitetônico e engenharia e questão propícios a serem impactos na ocorrência de desastres ambientais ligados a alagamentos e deslizamentos.
23   OLIVEIRA JUNIOR, Adilson Pereira de et al. A Metrópole na rede urbana brasileira e na configuração interna. In: LIRA, Pablo; OLIVEIRA JÚNIOR, Adilson Pereira de; MONTEIRO, Latussa Laranja (Orgs.). **Vitória**: transformações na ordem urbana: metrópoles: território, coesão social e governança democrática. 1. ed. Rio de Janeiro: Letra Capital; Observatório das Metrópoles, 2014. p. 26.

humanidade, compreende-se que o fenômeno urbano surpreende pela sua dimensão, intensidade e complexidade. A cidade constitui o *lócus* privilegiado de produção do capital, grandes investimentos, interesses financeiros e concentração populacional.[24]

Com base nesta ideia, de que a cidade torna-se o local de desenvolvimento e principalmente o mecanismo de impulso da economia, que sua complexidade revela diversos problemas que carecem de investigação. Em assim considerando, a ocupação do solo urbano é apenas um dos problemas dentre outros que podem ser observados na dita "selva de pedra".

É preciso reconhecer que o solo urbano, como substrato biológico e físico de uma dada ocupação, foi (e é) alvo de "disputas" e, principalmente, de expressão espacial da desigualdade social onde a construção da cidadania, como estratégia para redução das desigualdades, pode ser alcançada pela educação ambiental. De acordo com a ideia acima, de que a aquisição de uma moradia, ou de forma mais simples dizendo a "propriedade de um pedaço de terra" que se torna adequada à fala abaixo de Maricato, o que acaba por revelar o ponto de partida deste trabalho, de que as mudanças habitacionais são constituídas, na maioria das vezes, levando-se em consideração a migração. Compreendendo essa lógica, pode-se destacar a seguinte citação:

> As massas migrantes, que constituem os trabalhadores urbanos mal remunerados, não têm poder aquisitivo para comprar um lote urbanizado, tal como exige a lei e dentro das condições do mercado imobiliário. O Estado, por sua vez, não arca com os custos da habitação da população cuja renda está abaixo de cinco salários mínimos (a maciça maioria da população) através da política urbana e da política habitacional, que são dirigidas de acordo com a lógica da acumulação de capital. Daí a habitação ser produzida através de expedientes marginais, mais que muito contribuem para o dinamismo da economia (manutenção de baixos salários e sem desviar os recursos "públicos de reprodução de capital"): favelas, loteamentos clandestinos com autoconstrução de casas.[25]

Insere-se dentro desta mesma lógica a questão levantada por Rousseau, quando analisou a teoria das origens das desigualdades entre os homens, demonstrando tal concepção a partir da apropriação da terra, como descrito no texto abaixo:

---

24 LIRA, Pablo; OLIVEIRA JÚNIOR, Adilson Pereira de; MONTEIRO, Latussa Laranja (Orgs.). **Vitória**: transformações na ordem urbana: metrópoles: território, coesão social e governança democrática. 1. ed. Rio de Janeiro: Letra Capital; Observatório das Metrópoles, 2014.
25 MARICATO, Ermínia. Loteamentos Clandestinos. In: BÓGUS, Lucia; RAPOSO, Isabel; PASTERNAK, Suzana (Orgs.). **Da Irregularidade Fundiária Urbana à Regularização**: Análise Comparativa Portugal-Brasil. São Paulo: EDUC, 2010.

O primeiro que tendo cercado um terreno se lembrou de dizer: isto é meu, e encontrou pessoas bastante simples para o acreditar, foi o verdadeiro fundador da sociedade civil. Quantos crimes, guerras, assassínios, misérias e horrores não teria poupado ao gênero humano aquele que, arrancando as estacas ou tapando os buracos, tivesse gritado aos seus semelhantes: "Livra-vos de escutar esse impostor; estareis perdidos se esquecerdes que os frutos são de todos, e a terra de ninguém".[26]

Observe-se que a questão do solo não é algo que surge apenas neste século mais que instigou outros pensadores que viveram em séculos passados a exemplo de Rousseau. Ainda como forma de justificar essa lógica de que a "desigualdade foi sendo acirrada" e que as grandes metrópoles foram ocupadas na dinâmica estabelecida de melhores condições de vida, é que Fontoura reforça esse processo, quando, então, demonstra que:

> A superlotação nas grandes metrópoles visa principalmente à busca por empregos, educação, saúde e melhores condições de vida, mas também transforma e modifica o espaço urbano e com isso, gera uma massa de excluídos socioeconômicos que acaba de forma alternativa e sem alguma perspectiva de vida, habitar locais sensíveis, logo, intensifica o surgimento de favelas peri-urbanas, e geralmente por falta de planejamento e omissão, provoca grave problema social e ambiental.[27]

Com base nas premissas anteriores, de que a ocupação do solo guarda consigo problemas advindos de diversos fatores, tais como uma desordenação dos espaços que é na maioria das vezes reproduzida uniformemente em grande parte dos estados do Brasil, a tarefa de desenvolver este capítulo não é simples por tentar concatenar todo um histórico desses problemas que, segundo Lima, são inerentes ao processo de ocupação do solo numa sociedade desigual. Ademais, esse histórico busca revelar as mazelas de um país periférico e, nesse sentido, parte-se da premissa de que essa disputa, como referenciada anteriormente, desencadeou a desigualdade habitacional, ao longo do tempo, quando, para uma parcela da sociedade, foram garantidos os direitos mínimos para uma vivência digna e para a outra parte não se confiaram os mesmos direitos, conforme Trindade de Lima afirma. Nesta perspectiva, o referido autor vai demonstrar a existência da inquietação para com a pobreza. É preciso, então, considerar que esse tema não surge de forma imprevista, mas foi construído ao longo do tempo, tal como ele evidencia na citação que se segue: "Desde,

---

26 ROUSSEAU, Jean Jaques. **Discurso sobre a Origem e os Fundamentos da Desigualdade entre os homens**. São Paulo: Martin Claret, 2006.
27 FONTOURA, Leandro Nazareth Jerônimo. Planejamento urbano-ambiental: o uso e ocupação do solo no Distrito Federal. **Revista on-line IPOG**.

aproximadamente, há um século, com a consolidação da economia urbana no Brasil, a pobreza torna-se uma preocupação social e ocupa um lugar central no pensamento social brasileiro".[28]

A relação entre a centralidade da questão da pobreza no pensamento brasileiro e o processo de consolidação econômica do país aliado ao de urbanização periférica remete a ideia de que aquela foi construída ao longo dos anos. Por mais que o capítulo não tenha o intuito de explicar o processo de formação da pobreza, este viés é importante para se compreender como se estabelece a vulnerabilidade em área urbana e como ela é revelada espacialmente através de um processo de urbanização que tem, na economia, um motor. De toda a sorte, faz parte dessa tarefa o desafio de mostrar como a forma de ocupação do solo é fator contribuinte que explicaria o estabelecimento de áreas de risco nas metrópoles brasileiras – como é o caso da Região Metropolitana da Grande Vitória (ES) – através da implantação de projetos de desenvolvimento nas grandes metrópoles brasileiras a partir, principalmente, da década de 50. Tais projetos caracterizam o processo de industrialização em áreas periféricas como o Brasil e, em específico, no Estado do Espírito Santo que, tardiamente, vai se inserir na economia nacional e internacional.

Observar-se-á que o processo de ocupação do solo urbano pela via da industrialização vai revelar as desigualdades sociais inerentes a essa última e, isso, poderá ser visto através do acesso ao espaço. Tal questão é salientada por Lima quando afirma que

> as sociedades humanas são marcadas por inúmeras assimetrias de acesso à riqueza, ao poder e à cultura. Desde os primórdios da formação das cidades até a modernidade, passando pelos processos mais recentes de industrialização e urbanização, com a separação entre o local de moradia e de produção, o acesso ao espaço tornou-se um dos elementos sociais distintivos mais relevantes.[29]

É com base na compreensão, segundo a qual a moradia, ou melhor , um "local para se morar" (ou seja, o espaço), como cerne da disputa entre os cidadãos, que vai ser construída a concepção de que um lugar é mais valorizado do que o outro quando se trata de habitação. Evidentemente que, a partir desta direção, Lima critica a noção "enraizada" de que um lugar é melhor do que o outro para se morar dentro do contexto da sociedade atual. Logo,

---

28 LIMA, Mário Hélio Trindade de. **Exclusão Social**: representações sociais da pobreza urbana no Brasil. Vitória: Edufes, 2005. p. 132.
29 LIMA, Marcelo. Urbanização, Segregação e Disputa pelos espaços da cidade: Análise do Projeto Terra. In: SIQUEIRA, Maria da Penha Smarzaro (Org.). **Desenvolvimento Brasileiro Alternativas e Contradições**. Vitória: Grafitusa, 2010.

o local de moradia tornou-se, mais do que renda e que o emprego, expressão muito consistente do poder e do status de cada grupo social, de sorte que responder a pergunta: onde moras (?), tornou-se muito mais do que uma localização geográfica e sim uma expressão de poder e de reconhecimento social. Muito além da questão econômica-imobiliária, a polarização (homogênea e fragmentada) de áreas muito ricas e muito pobres na cidade, determina e evidencia poder (ou ausência deste) dos grupos que ali residem.[30]

Analisando a citação acima, fica mais evidente o entendimento de que a ocupação desencadeada no Brasil foi determinante para a construção desses "territórios" dentro de um mesmo Território, pois, aos moradores de bairros mais nobres, foi-lhes imputada a característica de mais "ricos" sendo ainda garantido o acesso à infraestrutura e, por sua vez, aos moradores de bairros menos favorecidos, restou-lhes a características de "mais pobres". É essa demonstração de status e poder espelhada com base na questão da moradia que objetiva se discutir, neste capítulo, sendo que as distâncias entre essas duas classes tornam-se a cada dia mais notórias. Sopesando essa ideia, Lima destaca, na citação adiante, como apesar da existência de povos diferentes em um mesmo espaço justifica as distâncias em outras áreas. Neste caso,

no Brasil, a política habitacional e o processo de reforma urbana tradicionalmente têm demarcado encraves urbanos extremamente diferentes. De modo que, as nossas cidades mais populosas que deveriam ser lugar de encontro e de convivência também se transformaram em locais de extrema proximidade física e distância social.[31]

Essa crítica é importante na medida em que consegue transpor as barreiras do contexto habitacional, revelando outro lado que está por detrás desta questão, qual seja que outros problemas urbanos formam, na verdade, uma rede de questões socioambientais. A exemplo disto pode-se observar o tema da criminalidade, pois, pela visão ainda de Zanotelli apud Lima, "é nos espaços urbanos das maiorias das cidades brasileiras que se localiza a "criminalidade" e a sua localização produzirá em determinados espaços o estigma socioespacial que retroalimentara essa mesma criminalidade". Tal observação tem o cunho de demonstrar que o tema aqui em desenvolvimento a ocupação do solo urbano, pode ser visualizado de uma forma mais ampla, que acaba por corresponder a ideia apresentada por Lima.

Essa segregação socioespacial, que fica evidentemente caracterizada como um dos problemas atuais, que se liga, entre outros, a questão da habitação,

---
30   Ibidem p. 347.
31   Ibidem p. 348.

remonta às origens da colonização, mas que, pelo recorte objetivado neste trabalho, adotou-se apenas fazer uma breve apresentação do quadro geral do Brasil, à partir dos anos 50/60, período em que o processo de desenvolvimento/ industrialização vai ser observado de forma mais acentuada, como identifica Siqueira, acompanhada por outros autores da área. Por sua vez Bruna, faz uma observação importante para esse recorte, quando assinala uma ruptura com a forma de ocupação dos anos de colonização:

> Se, no início, as cidades brasileiras se estruturam em colinas, desenvolvendo-se em torno de uma igreja, casa de câmara e pelourinho, seguindo por arruamentos que se acomodavam ao relevo local, esse crescimento se estendeu, posteriormente, por uma série de loteamentos, quase sempre irregulares, sem infraestrutura de água e esgoto, e, por vezes, em áreas sujeitas a riscos de inundações e escorregamentos na ocasião das chuvas.[32]

A citação acima acaba por inserir uma temática importante que vai fazer parte de um dos pontos a serem discutidos no decorrer do trabalho, pois, ao passo que "nos tempos de colonização, destaca-se a administração pombalina retificando ruas e ordenando as fachadas dos edifícios que desenhavam a cidade", não será observada nenhuma preocupação com a forma de apropriação do solo, consistente no século XX, tendo em vista que: " as cidades desde os de 1960, se estruturam em loteamentos ocupados pela migração urbano-rural, formando uma extensa área periférica. O problema maior, que é posterior a essa constatação de irregularidade, observado por Bruna, é o fato de que não ocorreu uma ocupação do espaço de forma ordenada, em simetria com os ditames urbanos e que buscassem estabelecer relação com o meio ambiente, porque o Estado se absteve, não estabelecendo Políticas Públicas voltadas para áreas periféricas de então.

Como forma de demonstrar que o processo de urbanização, a partir da década de 60, trouxe consigo diversas transformações no cenário brasileiro, cabe destacar a fala de Rizzieri apud Suelem, salientando a existência de que:

> Ocorrem duas mudanças devido ao processo de urbanização no Brasil. A primeira diz respeito ao fortalecimento das regiões metropolitanas que se consolidou sob o sistema urbano onde a expansão do núcleo foi assimilada pelo crescimento das cidades periféricas. A segunda mudança se relaciona ao desenvolvimento das cidades médias por agirem como local de apoio ao processo de descentralização urbano-industrial.[33]

---

32   BRUNA. Gilda Collet. Urbanização e regularização de loteamentos e habitações. In: BÓGUS, Lucia; RAPOSO, Isabel; PASTERNAK, Suzana (Orgs.). **Da Irregularidade Fundiária urbana a regularização**: análise comparativa Portugal – Brasil. São Paulo: EDUC, 2010.

33   CELANTE, Suelem Simão Alves. **Gentrificação**: Impactos do mercado imobiliário sobre a colônia de pescadores de Itapoã- Vila Velha-ES. 2014. Dissertação (Mestrado em Sociologia Política da Universidade de Vila Velha), ago. 2014.

Em resumo a este ponto, vale destacar que no Brasil a lógica de ocupação não foi diferente da de outras metrópoles mundiais, pois foi no entorno das indústrias que as cidades foram sendo ocupadas, justamente com o intuito de unir trabalho e moradia. Tal como posto na citação abaixo. Observe-se que o impulso pelo trabalho é priorizado em detrimento com o local para a moradia. Essa concepção pode ser justificada na fala abaixo:

> Pensadores da história econômica caracterizam o período compreendido pelos anos 1760 e 1830 como o berço da cidade moderna. A estrutura centralizadora e concentradora da urbe tornou-se ainda mais intensificada com o advento da revolução industrial. A necessidade da localização das indústrias nas cercanias das cidades, com o propósito de aproveitar a proximidade da mão-de-obra e do mercado consumidor, tornou-se cada vez mais evidente. Todavia, uma vez instaladas, as indústrias passaram a polarizar a concentração de pessoas em seu entorno.[34]

A partir dessa compreensão de que o espaço urbano foi sendo ocupado de forma desordenada por ter o econômico se sobrepondo ao social, é que se tornou evidente o caos da moradia. Com a formação da cidade, o que se coloca em destaque é, justamente, a formação de um "meio físico", que, por via direta, compromete a cenário e o sistema natural previamente existente. Em assim considerando,

> a cidade é uma forma da organização espacial, o uso e ocupação do solo são os termos determinantes do adensamento demográfico, o espaço urbano transforma e modifica o meio físico, a paisagem, ciclo hidrológico pelo intenso processo de urbanização desequilibrando de forma geral o ecossistema. Para Cunha e Guerra (2011) A urbanização e a emergência dos problemas ambientais urbanos obrigam os estudiosos dos impactos ambientais a considerar os pesos variados da localização, distância, topografia, características geológicas, morfológicas, distribuição da terra, crescimento populacional, estruturação social do espaço urbano e processos de seletividade suburbana ou segregação espacial.[35]

O debate estabelecido na citação acima acaba por fazer conexão com o tema da questão ambiental no sentido em que revela que é o modo em que o solo é ocupado que vai configurar o desenho da desigualdade, demonstrando mais uma vez que a ausência de plano e de Políticas Públicas – PP para a ocupação do espaço contribui fortemente para as escolha de assunção dos

---

34 LIRA, Pablo; OLIVEIRA JÚNIOR, Adilson Pereira de; MONTEIRO, Latussa Laranja (Orgs.). **Vitória**: transformações na ordem urbana: metrópoles: território, coesão social e governança democrática. 1. ed. Rio de Janeiro: Letra Capital; Observatório das Metrópoles, 2014.

35 FONTOURA, Leandro Jerônimo Fontoura. Planejamento urbano-ambiental: o uso e ocupação do solo no Distrito Federal. **Revista On-line IPOG**.

riscos, tal como será visto adiante nos próximos tópicos desta pesquisa. Este quadro teve por finalidade demonstrar como essa ocupação de forma a favorecer apenas aos aspectos econômicos vai estabelecer a existência de diversos problemas, pois, de forma clarividente, sedimenta-se a compreensão de que não ocorreu um planejamento para estruturar estas cidades.

1.1.1 A ocupação do solo Espírito Santense, habitação em Vitória e construção das áreas de risco

No Brasil, as cidades estão, normalmente, organizadas por meio de regiões metropolitanas, a exemplo da grande São Paulo, Rio de Janeiro e Belo Horizonte, que são considerados grandes centros urbanos, local de desenvolvimento de capital e atrativo da força de trabalho. No caso do Espírito Santo (ES), a região metropolitana é conhecida como Região Metropolitana da Grande Vitória – RMGV –, guardadas as suas semelhanças com os demais centros urbanos brasileiros. Sua organização compreende as seguintes cidades: Vitória, Vila Velha, Cariacica, Serra, Viana, Guarapari e Fundão. Na RMGV, está concentrado o maior número de moradores do Espírito Santo:

> O Espírito Santo, onde 83,4% de sua população vive em áreas consideradas urbanas, tem uma rede urbana altamente concentrada. Somente a Região Metropolitana da Grande Vitória – RMGV, formada atualmente pelos municípios de Vitória, Vila Velha, Cariacica, Serra, Viana, Guarapari e Fundão, concentra, em 2010, aproximadamente 48% da população e 63% do Produto Interno Bruto – PIB, estadual.[36]

Com base nesta referência, pode-se afirmar que é principalmente nessa região que os problemas e desafios estão postos. Ainda que este não seja o intuito principal do trabalho, vale mencionar que são nessas cidades que estão os maiores índices relativos a homicídios e crimes contra o patrimônio. Se por um lado tais índices demonstram a problemática das questões sociais, não se pode esquecer que a habitação também se inclui neste mesmo rol de questões sociais, e, neste caso, tal como Lima, abordado anteriormente afirma, o espaço de moradia pode ser considerado como uma verdadeira "disputa". Entretanto, para a compreensão desta questão, qual seja, a habitação, é preciso ainda atentar para o fato de que essa disputa referenciada acima vem confirmar que as questões sociais, muitas vezes, são desencadeadas por todo esse processo

---

36 OLIVEIRA JUNIOR, Adilson Pereira de et al. A Metrópole na rede urbana brasileira e na configuração interna. In: LIRA, Pablo; OLIVEIRA JÚNIOR, Adilson Pereira de; MONTEIRO, Latussa Laranja (Orgs.). **Vitória**: transformações na ordem urbana: metrópoles: território, coesão social e governança democrática. 1. ed. Rio de Janeiro: Letra Capital; Observatório das Metrópoles, 2014.

de contenda, que, em dados momentos, tem um caráter complexo, tendo em vista que acaba por revelar as "mazelas" das pessoas que são postas à margem da sociedade e a ausência do Estado que poderia ter lidado com as questões sociais através de políticas públicas setoriais.

No caso do Espírito Santo, a ocupação desordenada não foi de forma diferente da maioria das cidades brasileiras, caracterizando cidades distanciadas no que se refere ao acesso a bens básicos e serviços. Dentro deste contexto que se insere a preocupação em organizar os espaços públicos que contribuem para a igualdade de acesso a estes bens. A fixação de moradia deve ser implementada neste mesmo sentido. Foi na intenção de ligar essas duas ideias de ocupação do solo urbano brasileiro e capixaba, que:

> As práticas de ocupação do solo urbano no Brasil, no Espírito Santo, e em Vitória, guardadas determinadas características locais, denotam, resultam (e derivam) de certas relações de poder às quais perpassam arranjos familiares e econômicos complexos. O modo como isso tem se processado nas últimas décadas no país tem confirmado os conhecidos mecanismos de segregação sócio- espacial.[37]

Deste modo, é que deve ser discutida a dinâmica de ocupação do solo, em particular, da cidade de Vitória. Entretanto, por se tratar de uma pesquisa cujo objetivo passa pela compreensão da construção de áreas de risco através do processo de ocupação do solo urbano, numa perspectiva histórica, tornou-se prudente fazer uma abordagem mais ampla capaz de contextualizar a questão específica do município de Vitória.

Antes, pois, é preciso atentar para o fato de que, como descrito no início deste capítulo, as sociedades passam por rupturas com os sistemas em que estão estabelecidas. Neste caso, a sociedade brasileira, assim como a capixaba, desenvolvida com base na economia cafeeira, rompe com esse modelo para uma sociedade Industrial, projeto idealizado pelas elites governantes. Como marco dessa ruptura, pode-se estabelecer os anos 60, quando a dinâmica econômica tornou-se notória, por suas alterações profundas. Em concordância com esse entendimento, e como forma de tornar mais esclarecedora tal concepção, a citação abaixo, de Bonelli e Levy apud Toscano et al., consegue mostrar essa alteração:

> O estado do Espírito Santo passou por mudanças estruturais profundas em sua história econômica ao longo das últimas cinco décadas. Da década de 1960 até os anos 2000, o estado passou de uma estrutura

---

37 LIMA, Marcelo. Urbanização, Segregação e Disputa pelos espaços da cidade: Análise do Projeto Terra. In: SIQUEIRA, Maria da Penha Smarzaro (Org.). **Desenvolvimento Brasileiro Alternativas e Contradições**. Vitória: Grafitusa, 2010. p. 348.

majoritariamente agrícola para uma economia ancorada na indústria de base e seus serviços relacionados.[38]

Não pelo viés político, vivenciado naquela década, mas pelo cenário de desenvolvimento é importante frisar quais as consequências principais destas "mudanças estruturais", pois, como demonstrado anteriormente, o processo de industrialização segue como uma mola propulsora para a compreensão do uso do solo, sendo que, como será observado adiante, o que vai ocorrer é a mudança da forma econômica, antes totalmente dependente da colheita de café, passa a ser desenvolvida a partir do processo de industrialização. Em simetria com tal visão, vale notar que

> a ideia de livrar o Espírito Santo da dependência do café era antiga, e o tema já era alvo de discussões nos governos de Jones dos Santos Neves e Carlos Lindenberg. Na Companhia de Desenvolvimento do Espírito Santo- Codes, no final dos anos 60, doutor Arthur começou a conceber os projetos industriais que realizaria no seu governo e que transformariam o panorama econômico estadual.[39]

Os problemas advindos dessa transformação no cenário econômico seriam observados no campo social, uma vez que, sem uma estrutura adequada para abarcar essas mudanças, a percepção destes problemas seriam, notórios, principalmente, pela ausência de um planejamento adequado compreendido como sendo a ausência de Políticas Públicas. Neste caso:

> A Grande Vitória, bem como todo o estado, não possuía infraestrutura básica que suportasse tamanho fluxo migratório, composto por pessoas originárias do norte do Rio de Janeiro, leste de Minas Gerais, sul da Bahia e, sobretudo, oriundas do interior do Espírito Santo. A intensa migração observada na segunda metade do século XX implicou em alterações nas estruturas demográfica, social e espacial. Em um curto período de tempo, o percentual da população urbana capixaba passou de 29,2%, em 1960, para 79,5%, no ano 2000.[40]

---

38 TOSCANO Victor Nunes et al. A Região Metropolitana da Grande Vitória na transição econômica: estrutura produtiva e mercado de trabalho. In: LIRA, Pablo; OLIVEIRA JÚNIOR, Adilson Pereira de; MONTEIRO, Latussa Laranja (Orgs.). **Vitória**: transformações na ordem urbana: metrópoles: território, coesão social e governança democrática. 1. ed. Rio de Janeiro: Letra Capital; Observatório das Metrópoles, 2014. p. 94.
39 Ibidem. A Gazeta.
40 LIRA, Pablo et al. Estrutura social e organização social do território Análise da tipologia socioespacial da Região Metropolitana da Grande Vitória – RMGV. In: LIRA, Pablo; OLIVEIRA JÚNIOR, Adilson Pereira de; MONTEIRO, Latussa Laranja (Orgs.). **Vitória**: transformações na ordem urbana: metrópoles: território, coesão social e governança democrática. 1. ed. Rio de Janeiro: Letra Capital; Observatório das Metrópoles, 2014. p. 140.

Assim, uma vez que não existia um suporte adequado para abraçar todos os migrantes, a ocupação desses moradores foi ocorrendo desordenadamente nos morros, nas margens dos rios, nos manguezais, desenhando o retrato da capital, atualmente, como afirma Bissoli:

> Em relação aos morros, estes representam um percentual em torno de 70% de todo o território da Ilha de Vitória. Esses terrenos começaram a ser ocupados por volta da década de 1950, impulsionados pela mudança de eixo na economia do Espírito Santo, "passando da monocultura cafeeira difusa no interior do Estado, para a produção industrial concentrada na Região Metropolitana de Vitória". Com a intensificação dos fluxos migratórios nas décadas de 1960 e 1970, começaram a surgir problemas relacionados com a demanda pela habitação e os projetos e processos construtivos não acompanharam o crescimento e a ocupação irregular.[41]

Foi justamente, por essa ausência de planejamento, somada a outros fatores tais – como a falta de acesso à bens básicos – que foram sendo construídas as áreas de risco no Município de Vitória. Compreende-se, portanto, que a área de risco tem um caráter complexo, por ser criada de acordo com a forma pela qual os espaços urbanos são ocupados. Portanto, mais do que identificar essas áreas, é preciso, tentar olhar por um ângulo diferente, mais amplo, para conseguir descobrir quais as questões que estão por trás da ocupação das áreas de risco. Neste intuito, cabe lembrar-se de dois aspectos relacionados à história da ocupação da área metropolitana de Vitória, desvelados a partir da análise da dinâmica demográfica do próprio estado. Um primeiro se refere à diferença histórica da ocupação relativa à concentração demográfica entre a região Norte e a região Sul do estado. E o segundo aspecto se relaciona à mudança de um padrão de ocupação na região metropolitana, quando os municípios do entorno da cidade de Vitória passam a ter um crescimento populacional em função do desenvolvimento que se instala na região a partir da década de 70, como se observa na citação que se refere:

> De acordo com os dados censitários, a análise do quadro urbano geral do Estado, entre 1940-1980, mostra que Vitória concentrou em todo período a maior população urbana estadual, seguida por Cachoeiro de Itapemirim apenas nas décadas de 40 e 50. Nas décadas seguintes, Vila Velha e Vitória tornam-se os maiores aglomerados urbanos do Espírito Santo, juntamente com o município de Cariacica, que, a partir de 1970, teve um expressivo crescimento demográfico, alargando o espaço urbano, que avançou com a ocupação das áreas antes caracterizadas como rurais. Esse crescimento

---

41 BISSOLI, Márcia. **Recomendações para a sustentabilidade da habitação de interesse social**: uma abordagem do conjunto social de Barreiros, Vitória/ES. Disponível em: <www.vitoia.es.gov.br>. Acesso em: 10 fev. 2015.

populacional expressivo dos municípios periféricos da Grande Vitória está intrinsecamente relacionado com a opção de desenvolvimento adotada no Espírito Santo a partir dos anos 60 (decadência do modelo primário-exportador e prioridade para a indústria), que contribuiu ainda mais para aumentar as diferenças entre a região de Vitória e as demais regiões do Estado.[42]

A tabela a seguir revela como ocorreu este crescimento apresentado na citação anterior. Vejamos:

Tabela 1 – População dos municípios da RMGV, entre 1970 e 2010[43]

Município	1970	1980	1991	2000	2010
Cariacica	101.422	189.099	274.532	324.285	348.738
Serra	17.286	82.568	222.158	321.181	409.267
Vila Velha	123.742	203.401	265.586	345.965	414.586
Vitória	133.019	207.736	258.777	292.304	327.801
Guarapari	24.105	38.500	61.719	88.400	105.286
Fundão	8.170	9.215	10.204	13.009	17.025
Vianna	10.529	23.440	43.866	53.452	65.001

Tabela 2 – Crescimento Populacional em Vitória (ES) – 2000 a 2014[44]

Ano	População	Absoluto	(%) Ano anterior
2000	292.304	-	-
2001	296.012	3.708	1,3
2002	299.357	3.345	1,1
2003	302.633	3.276	1,1
2004	309.507	6.874	2,3
2005	313.312	3.805	1,2
2006	317.085	3.773	1,2

continuação

---

42 SIQUEIRA, Maria da Penha Smarzaro, **Industrialização e Empobrecimento Urbano – o caso da Grande Vitória – 1950 a 1980**. 2. ed. Vitória: Edufes, 2010. p. 114-115.

43 Fonte: IBGE Censos Demográficos 2000 e 2010 e estimativas populacionais 2001 a 2009 e 2011 a 2014. Elaboração: Gerência de Informações Municipais – SEGES/GIM. Nota: 1 – Inclui os bairros: Carapina I, De Fátima, Hélio Ferraz e Parque Industrial. 2 – Percentual e valor absoluto de crescimento referente ao ano anterior. Disponível em: <www.vitoria.es.gov.br>. Acesso em: 10 fev. 2015.

44 Ibid.

continuação

Ano	População	Absoluto	(%) Ano anterior
2007	314.042	-3.043	-1,0
2008	317.817	3.775	1,2
2009	320.156	2.339	0,7
2010	327.801	7.645	2,4
2011	330.526	2.725	0,8
2012	333.162	2.636	0,8
2013	348.268	15.106	4,5
2014	352.104	3.836	1,1

O interessante da reflexão acima trazida e representada nas tabelas é o fato de conseguir identificar como foi se construindo o espaço urbano no Estado do Espírito Santo na RMGV, especificadamente na segunda metade do século XX. Neste sentido, cabe buscar compreender, através do contexto histórico da constituição do território capixaba, como a região da capital vai aglomerar os habitantes. Nessa mesma linha de raciocínio, Duarte traz para o contexto do debate como esse tecido urbano foi sendo construído ao longo do tempo. É justamente neste intuito que se torna importante o viés histórico para compreender a ocupação da Região de Vitória. Para tanto, é preciso ressaltar que foram dois processos que ocorreram concomitantemente: a expulsão do campo de sua população e a sua atração para os projetos industriais situados na área urbana de Vitória, ressaltados na citação abaixo:

> As atividades produtivas que substituíram a cultura cafeeira não absorveram grande parte da mão-de-obra utilizada anteriormente pela tradicional cultura cafeeira, resultando num quadro de "desocupação" acentuada dos trabalhadores rurais. A falta de opção do homem do campo aliada ao novo cenário industrial que se configurava na região da Grande Vitória contribuiu para que as décadas de 1970 e 1980 marcassem o crescimento do fluxo migratório em direção à Grande Vitória.[45]

Foi com base nesse processo migratório, que ocorreu a ocupação do solo urbano na RMGV. Decerto que foi justamente por conta das benesses que estavam direcionadas para esta área do estado como forma de tornar o espaço urbano um local de oportunidades de trabalho, principalmente, voltadas para a atividade industrial atraindo, assim, mão de obra de origem campesina. É sobre

---

45 DUARTE, Maurizete Pimentel Loureiro. **A Expansão da Periferia por conjuntos habitacionais na região da Grande Vitória**. Vitória: Grafitusa, 2010. p. 136.

a intensa ocupação urbana que ocorre, então, que surge a denominação de "Aglomerado Urbano", como afirma a mesma autora, que:

> [...]ocorre de acordo com a valorização das áreas urbanas e a partir do respectivo movimento populacional. Essa ocupação do espaço dos municípios próximos a Vitória, que também começam a sentir os reflexos do crescimento industrial no estado, fez com que essa região, destacada por sua localização e pelos investimentos recebidos, viesse a ser denominada de "Aglomerado Urbano da Grande Vitória".[46]

Com relação a essa situação, é possível compreender que a cidade constituída com base nessa dinâmica vai dar origem ao que, na década de 90, Lima constatou como sendo uma cidade divida e entre "[...] um espaço legal e ilegal [...]", em que se torna nítida a ideia de uma linha entre

> um espaço da ordem em que a presença do Estado como "território da lei" encontra-se limitado por uma fronteira que o separa do "reduto da marginalidade", onde reina "o caos e a desordem". [...] Um espaço produzido pela "desurbanização e pela omissão das autoridades" que deve ser retomado pelo Estado através da legalização da ocupação dos solos e da urbanização, da ordem e da lei.[47]

Em outras palavras, o que Lima parece revelar é a existência de "cidades dentro de uma mesma cidade" onde o Estado se mostra atuante em diferentes formas, pois, ainda que todas as pessoas tenham o mesmo direito de acesso aos bens mínimos para uma vida digna, nem sempre isso vai se mostrar de forma igualitária. Nessa direção, a ideia é a de se analisar essas "cidades de exclusão", onde a atuação do Estado é tímida por não atender aos anseios básicos de uma sociedade que se pautaria pela igualdade. Se torna notória a concepção de que é preciso estar atento a violação desses direitos garantidos aos cidadãos, na sua concepção mais ampla, como premissa para a construção de uma sociedade mais justa. E desta forma,

> percebe-se com a literatura crítica dos problemas sociais no país, em particular os elevados níveis de desigualdade social, conduzem a uma representação de um mundo dividido, reproduzindo antigas divisões sociais como no caso de um setor integrado e outro marginal, moderno e atrasado e, mais recentemente, dos integrados e excluídos. Reproduz velhas oposições e dualidades que marcam a sociedade nacional e que, nesta visão, evoluíram ou progrediram até um ponto ou estágio

---

46 Ibidem., p.136.
47 LIMA, Mário Hélio Trindade de. **Representações sociais da pobreza urbana no Brasil**. Vitória: Edufes, 2005. p. 168.

considerado contraditório com o ideário igualitário e democrático, podendo acirrar as tensões sociais e ameaçar uma explosão de proporções incalculáveis.[48]

A respeito da citação acima, vale destacar questões que são colocadas como de suma importância para o desenvolvimento dos demais tópicos do trabalho. Assim, o que o autor quer chamar atenção é para o fato de que a concepção dessas cidades divididas, em que a demonstração de "avanço" e "retrocesso" está evidente, conduzindo a outros problemas tais uma como uma desigualdade profunda. E não seria desarrazoado também pensar na fragilidade da participação democrática, pois não é propenso se cogitar uma sociedade que não conduz o processo de distribuição de renda e acesso a bens básicos como igualitária. É este o caminho que o autor buscou trilhar ao fazer todas essas considerações.

Em arremate a compreensão estabelecida neste tópico, registra-se ainda o fato de que, relativo à cidade de Vitória embora surgiram urbanistas com o intuito de melhor planejar a ocupação do solo, diante dos avanços econômicos, essa pretensão foi aos poucos sendo suprimida, fazendo com que o desenho da cidade fosse alterado perdendo-se, sobretudo em qualidade ambiental, como revela a citação a seguir:

> O Novo Arrebalde, nesse momento, deixa de contar com a total visibilidade das encostas de seus diversos morros, impedida tanto por sua ocupação irregular quanto pela obstrução causada por edifícios cuja altura muitas vezes excede seus picos.[49]

Diversos são os fatores que contribuíram para essa nova formatação da cidade, em que os empreendimentos de alto valor econômico foram direcionados para a Praia do Canto e adjacências, atraindo a população de melhor poder aquisitivo e enquanto os morros acabaram por atrair as populações de baixa renda. Isto se justifica pela implementação de projetos de empresas privadas, assim como a citação nos leva a conclusão: "são as forças do mercado imobiliário que desconhecem ou ignoram o pinturesco do projeto ao desenhar o Arrebalde de forma aleatória, pontual e isolada em oposição à forma abrangente, técnica e artisticamente detalhada de Brito".[50]

---

48   Ibidem p. 164.
49   MENDONÇA, Eneida Maria Souza et al. **Cidade Prospectiva – o projeto de Saturnino de Brito para Vitória**. Vitória/ES – EDUFES; São Paulo – Annablume, 2009.
50   Ibidem.

1.1.2 Habitação e exclusão social: a representação da desigualdade por meio da moradia

Apresenta-se como notória a opinião de que como foi sendo construído o tecido urbano brasileiro e capixaba contribuiu para o estabelecimento das desigualdades de forma acentuada, e com os olhos voltados para o conceito de exclusão, tal como apresentado por Trindade de Lima, qual seja: "qualquer tipo de discriminação, racial, sexual ou religiosa, para constituição de grupos de excluídos, cujas diferenças não são aceitas nem toleradas".[51] Ressalta ainda mais que a moradia demonstra apenas uma das facetas deste grande emaranhado de questões sociais que carecem de melhor acuidade.

Em verdade, justificando esta lógica do tópico anterior, a questão da habitação social no Brasil sempre demonstrou uma parte crítica da história nacional, sobretudo se compreendermos que a intenção do intervencionismo estatal foi justamente impulsionar a construção de uma sociedade cuja característica fosse urbano-industrial e capitalista, o foi alcançado por meio de habitações periféricas. Uma característica importante a ser observada no âmbito desse processo é o fato de que os moradores que residiam em cortiços, muitas vezes sem uma alternativa diferente, não tinham outra oportunidade senão direcionar as suas residências para favelas e periferias, pois o dito "desenvolvimento" tinha por finalidade desapropriar essas moradias para que, posteriormente, ali fossem construídos prédios públicos e estradas, este fato pode ser nomeado de gentrificação. A citação adiante é esclarecedora a respeito deste contexto:

> Área carente foi uma nominação elaborada pelos setores estabelecidos e perpetrada no imaginário social no citadino comum para reportar, a um só tempo, uma condição territorial, sócio-econômica e política de menor valia. Subjaz ao referido termo a ideia de um espaço deteriorado materialmente, uma população incapaz e inerte para fazer face ao provimento dos seus mínimos vitais e sociais e uma interlocução deteriorada dos ali residentes com o Estado. Configura a imagem de periculosidade imanente ao grupo e seu lugar, aos quais o Estado se deveria dirigir a atenção ostensiva das forças de segurança pública uma vez que ali estariam os que ameaçam a ordem idealizada da cidade. A área carente expõe formas de convivência e costumes afrontadores à racionalidade mercadológica e aos bons costumes. Ali, as ligações clandestinas da rede de luz e de água, os "gatos", são estratégias rotineiras de abastecimento dos domicílios, para além dos contratos regulares de fornecimento; os veículos caindo aos pedaços, as 'latas velhas', constituem a frota comum de veículos particulares, pouco

---

51 LIMA, Mário Hélio Trindade de. **Representações sociais da pobreza urbana no Brasil**. Vitória: Edufes, 2005. p. 127.

condizente com os padrões de segurança automotiva; os direitos de titularidade relativos ao imóvel, de uma dubiedade inquietante; as formas de produção da moradia e partilha do espaço, no âmbito privado- com materiais reciclados, com poucos cômodos, de múltiplas funções, para uso de muitos membros, os quais mantém mescla de laços formais e informais -, acintoso à concepção de família e casa que a camada média concebeu como um modo típico do viver urbano.[52]

É neste desenho que se insere o contexto do debate sobre a desigualdade existente entre as áreas nobres e as outras mais vulneráveis. Neste caso, a preocupação com a moradia de risco só vem confirmar o entendimento de que a inserção de moradores em áreas ditas impróprias, adicionando-se a outras questões, contribuem para a ocorrência de desastres. Neste aspecto, emerge a discussão sobre a noção de desastre que parte da ideia de desastres naturais até a de desastres socioambientais quando há a associação de características ambientais às aglomerações humanas[53]

> Os desastres naturais podem ser provocados por diversos fenômenos, tais como, inundações, escorregamentos, erosão, terremotos, tornados, furacões, tempestades, estiagem, entre outros. Além da intensidade dos fenômenos naturais, o acelerado processo de urbanização verificado nas últimas décadas, em várias partes do mundo, inclusive no Brasil, levou ao crescimento das cidades, muitas vezes em áreas impróprias à ocupação, aumentando as situações de perigo e de risco a desastres naturais. Além disso, diversos estudos indicam que a variabilidade climática atual, com tendência para o aquecimento global, está associada a um aumento de extremos climáticos. Nesta situação, os eventos temporários, de chuvas intensas, de tornados ou de estiagens severas, entre outros, podem tornar-se mais frequentes, aumentando a possibilidade de incidência de desastres naturais.[54]

1.1.3 Uso e ocupação do solo urbano

Em arremate às questões discutidas anteriormente, quanto à ocupação desordenada do solo em áreas urbanas, e, por via de consequência, a acentuação da vulnerabilidade, tendo como desencadeamento a falta de acesso aos bens básicos de forma igualitária, é que pode ser apresentada como uma possível contribuição de uma melhor ocupação do solo a gestão dessas cidades de modo que somente os espaços ociosos e propensos à moradia sejam ocupados.

---

52   VALÊNCIO, Norma. Da 'área de risco' ao abrigo temporário: uma análise dos conflitos subjacentes a uma territorialidade precária In: VALÊNCIO, Norma; SIENA, Mariana. **Sociologia dos Desastres – construções, interfaces e perspectivas**. São Carlos: RiMa Editora, 2014.
53   MENDONÇA, Marcos Barreto; DA SILVA ROSA, Teresa; SOUZA, Ricardo Matos; GAVA, Túlio. no prelo.
54   TOMINAGA, Lídia Keiko; SANTORO, Jair; AMARAL, Rosangela do (Orgs.). **Desastres naturais**: conhecer para prevenir. São Paulo: Instituto Geológico, 2009. p. 14.

É com base nesse campo, cujo pano de fundo é a ideia do desenvolvimento da moradia considerando a percepção do risco, que é possível atentar para a questão da gestão das cidades, o que se compreende por gestão, na forma em que vem sendo abordada, é a administração do uso dos recursos naturais de forma a preservar para esta e para as futuras gerações. A esse respeito, torna-se esclarecedora a citação abaixo, considerando que ela consegue alinhar o estabelecido na agenda 21 com a gestão. Logo:

> A gestão integrada dos recursos naturais consiste no estabelecimento de um conjunto de ações de natureza administrativa, em um determinado espaço ou unidade de planejamento, que considere as inter-relações entre os recursos naturais e as atividades socioeconômicas. Gestão é, em outras palavras, o *modus operandi* cuja premissa básica é manter os recursos naturais disponíveis para o desenvolvimento, hoje, amanhã e sempre.[55]

Com a dinâmica estabelecida a partir da citação acima, a qual se baseia na conservação de recursos naturais, fica evidente a necessidade das atividades econômicas respeitarem os recursos naturais limitados. O complicador dessa tese está no fato de que, na maioria das vezes, é inconcebível pensar que as atividades econômicas, cuja finalidade maior é o lucro, sejam condizentes com a ideia de conservação e preservação, tendo o ser humano a responsabilidade por sua ação. Neste sentido, com base na visão de H. Jonas sobre o princípio da responsabilidade poderia se ver o ser humano como um sujeito de responsabilidade tal como expresso na citação a seguir:

> Nesse escopo de projetos de desenvolvimento e tendo em vista a gestão ecologicamente centrada, os sujeitos do desenvolvimento são sujeitos éticos que, agindo segundo um poder ou uma liberdade capazes de ocasionar um impacto, têm uma responsabilidade em relação ao meio ambiente natural e social.[56]

Compreendendo esta ideia de que "o sujeito ético possui responsabilidade relacionada ao meio ambiente e acrescentando ainda o processo de ocupação do solo de forma ordenada ainda que em contrapartida esteja o processo de desenvolvimento, certa forma antagônica, não podendo este dito desenvolvimento ser eminentemente negativo, uma vez que o ser humano vive sempre em busca de melhorias das condições que estão estabelecidas ao seu redor, fica esclarecido, como apresenta a citação a seguir, que embora exista essa

---

55 FONTOURA, Leandro Jerônimo Fontoura. Planejamento urbano-ambiental: o uso e ocupação do solo no Distrito Federal. **Revista On-line IPOG**, p. 1.

56 DA SILVA ROSA, TERESA. Os Fundamentos do pensamento ecológico do desenvolvimento. In: VEIGA, José Eli da (Org.). **Economia Socioambiental**. São Paulo: Senac, 2009.

tendência por melhores condições de vida, há neste conjunto outras questões que permeiam a negatividade. Neste caso,

> a superpopulação nas grandes metrópoles visa principalmente à busca por empregos, educação, saúde e melhores condições de vida, mas também transforma e modifica o espaço urbano e com isso, gera uma massa de excluídos socioeconômicos que acaba de forma alternativa e sem alguma perspectiva de vida, habitar locais sensíveis, logo, intensifica o surgimento de favelas peri-urbanas, e geralmente por falta de planejamento e omissão, provoca grave problema social e ambiental que por décadas vem ocorrendo.[57]

Ocorre que, estando posto o ambiente urbano com as suas problemáticas, é necessário então, aos diversos atores sociais, administrar parte deste processo de gestão como forma de contribuir para a construção de uma sociedade ambientalmente equilibrada. Foi nesse intuito que Quintas[58] sintetizou que: "gestão ambiental pública deve ser entendida como o processo de mediação de interesses e conflitos (potenciais ou explícitos) entre atores sociais que agem sobre os meios físico-natural e construído". Dessa forma, o objetivo principal da gestão pública ambiental é garantir o direito ao meio ambiente ecologicamente equilibrado, conforme determina a Constituição Federal de 1988 no capítulo que concerne ao Meio Ambiente.

Uma das possíveis propostas apresentadas para o problema da organização do solo urbano de modo a compatibilizar natureza e questões urbanas é o planejamento da cidade com vistas a uma gestão urbana responsável ecologicamente e justa socialmente. Sendo que, neste sentido, é preciso primeiramente identificar o que se entende pelo referente estudo. Assim, "planejamento urbano é o conjunto de ferramentas que possibilita perceber a realidade, a fim de avaliar os caminhos para a construção de programas que visa aprimorar os aspectos de qualidade de vida atual e futura da população".[59]

Foi como forma de justamente compatibilizar a questão dos espaços ocupados e melhor adequar o desenvolvimento de modo que todas as pessoas sejam contempladas, o que a maioria dos estudiosos denominou de função social da propriedade, que foi elaborado o Estatuto das Cidades cuja finalidade é organizar esses espaços. Vale então atentar para os direcionamentos

---

57 FONTOURA, Leandro Jerônimo Fontoura. Planejamento urbano-ambiental: o uso e ocupação do solo no Distrito Federal. **Revista On-line IPOG**, p. 1.
58 QUINTAS, José Silva, Educação no processo de gestão ambiental: uma proposta de educação ambiental transformadora e emancipatória. In: LAYRARGUES, Philippe Pomier (Org.). **Identidades da Educação Ambiental Brasileira**. Brasília: Ministério do Meio Ambiente, 2004. p. 118.
59 Ibidem.

estabelecidos nesse regulamento, pois ele delimita uma série de diretrizes para essa organização do solo, neste passo, insere-se a:

> I – garantia do direito a cidades sustentáveis, entendido como o direito à terra urbana, à moradia, ao saneamento ambiental, à infra-estrutura urbana, ao transporte e aos serviços públicos, ao trabalho e ao lazer, para as presentes e futuras gerações;
> II – gestão democrática por meio da participação da população e de associações representativas dos vários segmentos da comunidade na formulação, execução e acompanhamento de planos, programas e projetos de desenvolvimento urbano;
> III – cooperação entre os governos, a iniciativa privada e os demais setores da sociedade no processo de urbanização, em atendimento ao interesse social;
> IV – planejamento do desenvolvimento das cidades, da distribuição espacial da população e das atividades econômicas do Município e do território sob sua área de influência, de modo a evitar e corrigir as distorções do crescimento urbano e seus efeitos negativos sobre o meio ambiente;
> V – oferta de equipamentos urbanos e comunitários, transporte e serviços públicos adequados aos interesses e necessidades da população e às características locais;
> VI – ordenação e controle do uso do solo, de forma a evitar:
> a) a utilização inadequada dos imóveis urbanos;
> b) a proximidade de usos incompatíveis ou inconvenientes;
> c) o parcelamento do solo, a edificação ou o uso excessivos ou inadequados em relação à infraestrutura urbana.[60]

Comentando essas diretrizes acima é evidente que as cidades, bem como a sociedade, devem se organizar de modo a compatibilizar a ideia de uma cidade sustentável, como descrito na diretriz de número 1 deste estatuto compreende-se que é somente por meio de um planejamento que será possível alcançar uma distribuição mais igualitária do solo. É evidente que

> o Planejamento urbano – ambiental, possui importância para o desenvolvimento sustentável da relação entre ecologia e Homem, um processo dinâmico de fiscalização e Gestão do Território como constitui no texto da Constituição Federal, a participação integrada entre governo, comunidades locais e setores da economia para priorizar projetos e ações no espaço urbano e regional em prol ao meio ambiente, poderá minimizar o impacto e a degradação do meio ambiente.[61]

A citação acima abre um leque para diversas questões inclusive a relacionada à vulnerabilidade e ao risco, no entanto, é preciso estar claro o fato

---

60 BRASIL. **Lei 10.257**, de 2001. Dispões sobre o Estatuto das Cidades. Disponível em: <http://www.planalto.gov.br/ccivil_03/leis/leis_2001/l10257.htm>. Acesso em: 10 fev. 2015.
61 Ibidem.

de que é somente por meio de uma participação mais ativa, estabelecida no item relativo à cidadania, que se pode visualizar a adequação da teoria, estabelecida anteriormente, a prática da gestão das cidades. Além dessa questão, quando se fala de integração busca-se colocar de forma relacional os entes federativos abrindo espaço para um diálogo que em seu âmago contemple todas as partes na tomada de decisões.

Na concepção de que é preciso implementar mudanças para melhorar o sistema de gestão do solo, insta então mais uma vez redefinir a importância que o planejamento possui na medida em que contribui para a formação de uma sociedade mais justa em termos dos recursos ambientais. Prontamente,

> a relação sociedade e meio ambiente e as interferências antrópicas no meio configuram o espaço geográfico, a ocupação e uso do solo precisam ser gerenciados com muito cuidado para não se agravarem as pressões e impactos ambientais negativos ao meio ambiente.[62]

Imediatamente, confirmando o que se discutiu nesse tópico, a citação abaixo considera os aspectos históricos da sociedade brasileira e demonstra que esse processo de ocupação desordenada do solo foi mais hostil nos últimos anos. Assim, faz parte do cotidiano dos grandes centros urbanos, pois neles os maiores embates são visualizados, ou seja, as maiores tensões em busca por condições mais dignas, por uma residência está nas camadas de baixa renda, não lhes restando outras oportunidades senão se instalarem em ambientes naturalmente frágeis, mas que, por outro lado, mesmo não sendo propícios a moradias são os disponíveis para que esta população se instale. Por conseguinte,

> em cidades brasileiras, esse processo se intensificou nas últimas décadas. Esse tipo de ocupação cresce justamente com o aumento da urbanização e a expansão dos grandes centros urbanos. A população de baixa renda, sem alternativas habitacionais acessíveis, acaba por ocupar áreas frágeis e de alto risco, que ficam mais expostas aos perigos naturais que acontecem no Brasil o desabamento de encostas é o que mais provoca mortes.[63]

Dialogando com as questões acima, Zanotelli apud Lima, como se observará na citação adiante, consegue concatenar a ideia de uma segregação do espaço, o que por via de consequência vai dar origem a apropriação de lugares que não são propícios para residências. É, assim, que por sua vez, se

---

62   Ibidem.
63   CHAKARIAN, Luciana. Disponível em: <http://www.teses.usp.br/teses/disponiveis/16/16139/tde-12052010-155959/publico/LChakarian_Dissertacao.pdf>.

constrói a "comunidade do risco", pois o risco ali compartilhado por esses moradores torna-se notório. Nesse sentido,

> diferente dos processos de segregação das experiências americana e sul-africana, este processo no Brasil tem suas especificidade, mas confirma que o uso e o acesso ao espaço denota uma condição de poder. Nas metrópoles brasileiras (de acordo com Cláudio Luiz Zanotelli), a segregação sócio-espacial, é fator determinante dos mecanismos de polarização dos eventos violentos, transformando as nossas áreas mais urbanizadas em lócus privilegiado de criminalidade, o que se deve, em parte, pela prevalência dos bairros "nobres" em drenar as diversas políticas públicas, inclusive as que envolvem a segurança. De outro lado, os bairros pobres pela sua condição de ilegalidade e precariedade tem tido menos legitimidade em trazer para seus espaços serviços públicos, notadamente equipamentos públicos.[64]

Essa questão apresentada anteriormente só vem confirmar o que foi apresentado no decorrer do capítulo o fato de que as classes menos favorecidas não são beneficiarias das Políticas Públicas, sendo que este fator deve-se a ilegalidade, onde não lhe restaram alternativas senão fazer destes territórios locais de moradia. Mais uma vez, este processo de ocupação foi mais presente nas décadas de 70/80.

1.1.4 Entre o meio ambiente e a ocupação do solo na poligonal 14 – Alto Tabuazeiro

A partir da compreensão de que este trabalho busca imprimir relacionado ao meio ambiente, sendo compreendido que o homem faz parte deste, não obstante a intenção dos municípios sejam apenas regulamentar o uso e ocupação do solo, existe ainda uma atenção especial no que se refere as áreas de preservação cujo intuito maior é fazer com que estas áreas não sejam habitadas. Dentro deste contexto, que o Plano Diretor Urbano- PDU do município de Vitória considera que: "as Zonas de Proteção Ambiental (ZPA 1, 2 e 3) são definidas em função das necessidades de proteção integral e dos diferentes graus de uso sustentável permitidos". Neste caso, estas Zonas são "compostas por ecossistemas de interesse para a preservação, conservação e desenvolvimento de atividades sustentáveis".

> As ZPA 1 são áreas de preservação integral dos ecossistemas e recursos naturais, proibido o consumo, coleta, dano ou destruição dos mesmos,

---

64 LIMA, Marcelo. Urbanização, Segregação e Disputa pelos espaços da cidade: Análise do Projeto Terra. In: SIQUEIRA, Maria da Penha Smarzaro (Org.). **Desenvolvimento Brasileiro Alternativas e Contradições**. Vitória: Grafitusa, 2010.

representada na Poligonal 14 pelo Parque Tabuazeiro. Já as ZPA 2 podem ser utilizadas para pesquisa científica, monitoramento, educação ambiental, turismo, recreação e esportes, desde que não prejudique o meio ambiente, ou seja, é permitido o uso sustentável dos recursos naturais, no caso da ZPA 3 pode haver uso e ocupação do solo de forma controlada, podendo ser utilizada para pesquisa científica, monitoramento e educação ambiental, recreação, realização de eventos culturais e esportivos e atividades de apoio ao turismo, ambas ZPA'S constituídas pela APA do Maciço Central. Já as Zonas Especiais de Interesse Social (ZEIS 1, 2 e 3) são porções do território onde deverão ser promovidas a regularização urbanística e fundiária dos assentamentos habitacionais de baixa renda existentes e consolidados e o desenvolvimento de programas habitacionais de interesse social nas áreas não utilizadas ou subutilizadas. A ZEIS 1 caracteriza-se por ser áreas públicas ou particulares, com condições precárias do ponto de vista urbanístico e habitacional, tendo moradias em encostas com altas declividades e topos de morro, com acessibilidade inadequada, risco e demandas por serviços urbanos e equipamentos comunitários. A ZEIS 2 também são áreas públicas ou particulares, com assentamentos irregulares e clandestinos, parcialmente coberta por atendimento de demandas de infra-estrutura, serviços urbanos e equipamentos unitários. Por fim a ZEIS 3 são imóveis públicos ou particulares edificados ou não, não utilizados, dotados parcialmente de infra-estrutura e serviços urbanos, com respectivos equipamentos comunitários e urbanização complementar adequados, que serão objeto de parcelamento, edificação ou utilização compulsórios. Na poligonal 14 o bairro de Tabuazeiro é constituído pela ZEIS 1 e ZEIS 2, já a Comunidade de Alto Tabuazeiro encontra-se essas ZEIS e as ZPA 2 e ZPA 3, onde se encontram suas ocupações irregulares.[65]

Entretanto, embora a legislação tal como a literatura destaque que essas áreas, a saber, a ZPA 1 e 2 não devam ser ocupadas ou quando ocupadas devam ter um controle, diante de uma ausência de fiscalização pela municipalidade e comunidade acabam, infelizmente, sendo ocupadas. Neste caso, o problema se torna maior uma vez que a referida fiscalização inibiria a construção de novas residências. Ocorre que, estando já alterado o ecossistema por estas instalações ilegais sanar ou pelo menos resolver a ocupação ilegal torna-se um desafio ainda maior.

Com essa constatação de que essas áreas ambientalmente relevantes foram sendo ao longo dos anos ocupadas surge a necessidade de que os gestores públicos assim como a sociedade civil esteja atenta aos problemas ambientais deste tempo, de forma mais específica século XXI. É desta ausência, ou melhor, a compreensão de que é preciso compatibilizar meio ambiente e vida humana

---

65 MUNCÍPIO DE VITÓRIA. Diagnóstico Socioeconômico da Comunidade de Alto Tabuazeiro – Poligonal 14, mar. 2009.

que inserem-se as lógica destes projetos, como o Projeto Terra Mais Igual, que busca resgatar a preservação destas áreas outrora degradas pelos cidadãos.

Justamente com base nesta descrição é que se pode dizer como o risco socioambiental associado às áreas de moradia precária foi sendo construído. Ademais, é preciso reconhecer esse processo como aquele que vai justificar a inserção dessa temática do risco associado a desastre como um campo de discussão a partir da ideia das construções das moradias brasileiras.

Na abordagem desse tema sobre a ocupação do solo urbano brasileiro e na RMGV, o que ficou evidente para a construção da pesquisa é a dinâmina estabelecida a respeito do risco, pois, como afirma Douglas e Wildavsky, "em qualquer sociedade, a distribuição das oportunidades na vida difícil pode ser considerada equitativa. Certas classes de pessoas enfrentam riscos maiores que outras".[66] Pois bem, é justamente para essas pessoas que se destina o foco do estudo, pois são elas, como a própria literatura considera, a quem se deve dar maior maior atenção, considerando que muitas vezes não recebem a devida informação a respeito do risco ao qual estão submetidas.

1.2 Risco

1.2.1 Generalidades do risco

O caminho traçado para se chegar a este tópico teve como ponto de partida a construção da moradia em áreas que não deveriam ser habitadas por serem ambientes inadequados a moradia, entretanto, com a anuência do Estado foram, este contexto por si só já demonstra a pertinência em buscar a assunção dos riscos pelas populações vulneráveis, daí surgir o campo propício para esta análise. Inobstante não seja este o intuito principal do trabalho, mas tendo em vista tratar-se de uma pesquisa que possui um olhar pelo campo da sociologia, deve-se ainda atentar para o fato de que, como visto anteriormente, o risco faz parte tanto do campo da sociologia como, também, de outras áreas de estudo, de cunho mais técnico como é o caso da engenharia, da geomorfologia e da geotécnica. É preciso reconhecer que o estudo do risco assim como de outras categorias deve estar delineado por um diálogo transdisciplinar, sendo que o objetivo é que através de diálogo sejam aprimorados os conceitos e que sejam alcançados enfoques diferentes. Assim, buscando justamente cumprir este objetivo de abordar a interdisciplinaridade no contexto deste tema, que serão apresentadas visões diferentes a respeito do

---

66 DOUGLAS, Mary. Wildavsky Aaron. **Risco e Cultura – um ensaio sobre a seleção de riscos tecnológicos e ambientais**. 2007. ed. Rio de Janeiro: Elsevier, 2012.

mesmo, pois a nosso entender a ideia de risco, para sua compreensão, deve ser analisada por diversos vieses com o intuito de tornar-se mais compreensível. Embora não seja intrinsecamente essa discussão que Douglas e Wildavsky elaboram em seu estudo, é possível observar o fato de que as preocupações com risco permeiam a sociedade em suas diversas áreas. Tanto é assim que com a finalidade de apresentar essa inquietação com o risco destacam algumas ponderações a respeito da questão. Deste modo,

> a forma como hoje ponderamos os riscos apresenta três peculiaridades. A primeira é que a controvérsia em torno do problema é profunda e amplamente disseminada no Ocidente. A segunda é que diferentes pessoas preocupam-se com riscos distintos- guerras, poluição, emprego, inflação. A terceira é que conhecimento e ação encontram em descompasso: todos os programas adotados com vistas à redução de riscos ignoram o princípio de fazer o máximo para evitar os piores danos. Em suma, há ainda muita divergência acerca do que é arriscado, qual o tamanho do risco e o que fazer a respeito.[67]

O que se observa é que os riscos fazem parte de uma gama extensa de áreas, como apresentado no parágrafo introdutório deste capítulo, e que o mesmo é pesquisado ou investigado por diversos pesquisadores. Apesar disto, existe uma percepção variada do risco tal como a citação acima deixa antever. Se a preocupação com o risco permeia a sociedade de forma geral tal preocupação deve-se justamente ao fato de que é a partir da dinâmica estabelecida na sociedade, principalmente com a ruptura do século XX para o XXI que trouxe considerações relevantes para essa compreensão, tanto é assim que Douglas e Wildavisky esclarecem que os ameaças podem ser identificadas em quatro categorias:

1) Relações internacionais: o risco de uma invasão ou um ataque estrangeiro; perda de influencia, prestígio e poder.
2) Crime: colapso interno; fracasso da lei e da ordem; violência versus crimes de colarinho-branco.
3) Poluição: abuso da tecnologia; temores pelo meio ambiente.
4) Fracasso econômico: perda de prosperidade.[68]

O importante do que Douglas e Wildavisky citam acima é a amplitude de possibilidade de enfretamento e preocupação com os riscos, uma vez que,

---
67 DOUGLAS, Mary; WILDAVSKY, Aaron. **Risco e Cultura**: um ensaio sobre a seleção de riscos tecnológicos e ambientais. 2007. ed. Rio de Janeiro: Elsevier, 2012. p. 1.
68 Ibidem p. 2.

em sua identificação, na maioria dos casos, enquanto um grupo está atento para uma determinada ameaça, não consegue manter a mesma atenção para os demais casos que são motivo de preocupação. Nesta compreensão que os autores identificam a ideia de que os atores existentes em nossa sociedade não possuem uma voz uníssona quanto à noção ou percepção de relacionados risco:

> em termos da elite do debate público, os atores- partidos políticos, grupos de interesse, autoridades em geral- não atribuem de maneira homogênea os mesmos perigos a diferentes objetos. Aqueles que mais temem ataques estrangeiros, por exemplo, tendem a se preocupar menos com a poluição no âmbito doméstico. Os que tomariam as medidas mais vigorosas para conter a criminalidade e a violência nas ruas não se mostram tão assertivos com relação aos efeitos da desigualdade de renda. Por que não? É possível que haja uma ligação entre as duas tendências.[69]

Ainda dentro deste mesmo contexto de revelar quais os riscos que mais incomodam a sociedade dentro de uma determinada linha de prioridade, ainda deve-se considerar que, ao homem, é limitado o saber de uma forma completa a respeito de todas as situações que o mundo lhe proporciona. É evidente que:

> Uma vez que ninguém sabe tudo, não pode haver garantia de que os perigos que as pessoas procuram evitar são aqueles que mais prejuízo causarão. Ademais, a vitória sobre determinada ameaça nem sempre é de bom augúrio. O êxito pode induzir as pessoas a baixar a guarda na superação das adversidades- abrindo uma brecha que talvez seja aproveitada pelo perigo inesperado seguinte.[70]

Essa preocupação com acesso ao conhecimento e à informação identificada por Douglas e Wildavisky acaba por fazer conexão com a pesquisa de campo a ser apresentada no segundo capítulo. Antecipando, nela foram identificados alguns dos problemas que mais incomodam a comunidade estudada com base em um questionário que tem por finalidade esclarecer qual o grau de preocupação e ordem de importância que os entrevistados conseguem expressar relacionado a um determinado problema.[71] Ocorre que nem sempre os problemas que são mais evidentes na sociedade e que, por sua vez, causam maiores perdas são os que estão como prioridades na percepção do cidadão, o que será oportunamente apresentado na análise dos dados.

---

69 Ibidem p. 3.
70 Ibidem p. 3.
71 O referido questionário foi aplicado em pesquisa semelhante por MENDONÇA, Marcos Barreto de; PINHEIRO, Mariana Talita Gomes. **Estudo da percepção de risco associado a deslizamento no bairro do Maceió, Niterói, RJ.**

Evidentemente que, pela amplitude que o trabalho tomaria acaso fossem estudadas as peculiaridades como cada uma das ciências observam o risco o tornaria demasiadamente extenso e, sobretudo, com a possibilidade de que o foco fosse perdido. Entrementes, para a compreensão do risco ao qual estamos falando, risco ligado a desastre de deslizamento de terra ou deslocamento de rochas, torna-se adequada a apresentação da visão a que a Engenharia descreve sobre o risco. A esse respeito cabe então relevar sobre a questão da existência de uma fórmula que possui a finalidade de explicar a questão do risco, qual seja: R: P x C, neste sentido que a tendência da fórmula é explicar a questão do risco.[72] É nesta concepção que, a fórmula pode ser assim exemplificada:

$$R = P * C \; S = P$$

- R = Risco
- P = Possibilidade de ocorrência de um evento
- C = Consequências sociais e/ou econômicas potenciais
- S = Suscetibilidade

Por sua vez, segundo o MCidades[73] $R = P(\int A) * C (\int V) * g - 1$

- R = Risco
- P = Probabilidade
- A = Ameaça ou perigo
- C = Consequências
- V = Vulnerabilidade
- g = Grau de gerenciamento

Com base nas fórmulas acima, risco pode ser interpretado como sendo a probabilidade (P) de ocorrência de um fenômeno físico ou ameaça ou perigo (A), em local ou intervalo de tempo específicos e com características determinadas; causando consequências (C) às pessoas, aos bens ou ao meio ambiente, em função da vulnerabilidade (V) dos mesmos à exposição desses elementos. No caso da segunda fórmula, há a inserção de um novo dado que

---

72 Disponível em: <http://www.defesacivil.es.gov.br/files/pdf/apostila_avaliacao_de_risco_geologico.pdf>. Acesso em: 11 fev. 2015. Acrescenta-se ainda que para melhor compreensão consultou o trabalho de MEDONÇA, Marcos Barreto de; PINHEIRO, Mariana Talita Gomes. **Estudo da percepção de risco associado a deslizamento no bairro do Maceió, Niterói, RJ**.

73 Disponível em: <http://www.cidades.gov.br/images/stories/ArquivosSNPU/Biblioteca/PrevencaoErradicacao/Livro_Mapeamento_Enconstas_Margens.pdf>. Acesso em: 10 fev. 2015.

é a possiblidade do risco ser modificado pelo grau de gerenciamento (g), ou seja, introduz-se a gestão do risco. Essa gestão subentende a ocorrência de ação mitigadora anterior a ocorrência de um fenômeno ou, até mesmo, da sua possibilidade de ocorrência. A noção de gestão de risco remete ao Quadro de Ação de Hyogo 2005-2015, o qual insere esta noção e, influência a própria Política Nacional de Prevenção e Defesa Civil, Lei 12.340/2012.[74]

Uma vez que as fórmulas acima conduzem a compreensão do risco como algo a ser mitigado, torna-se ainda adequado o deixar claro que esta compreensão amplia o conceito visual como é expresso:

> Com base no glossário de defesa civil sobre estudos de riscos e medicina de desastres da Secretaria Nacional de Defesa Civil (Castro, 2012), risco é definido como: "1. Medida de dano potencial ou prejuízo econômico expressa em termos de probabilidade estatística de ocorrência e de intensidade ou grandeza das consequências previsíveis. 2. Probabilidade de ocorrência de um acidente ou evento adverso, relacionado com a intensidade dos danos ou perdas, resultantes dos mesmos".[75]

Por sua vez, de um modo mais inovador, no sentido em que transpõem a ideia de que o risco não fica adstrito a apenas uma ciência, Douglas e Wildavsky conseguem observar o risco da seguinte forma:

> O risco deveria ser entendido com um produto conjunto do conhecimento que se tem do futuro e um consenso quanto às perspectivas mais desejadas- o que nos possibilitaria relativizar os problemas.[76]

Outros órgãos contribuem para o seu entendimento na medida que conseguem além de definir o risco demonstrar as áreas de interferências que o mesmo pode relacionar:

> o Comitê Técnico de Escorregamentos e Encostas Artificiais (JTC-1), que faz parte das associações técnico-científicas internacionais mais importantes nessa área temática (ISSMGE, IAEG e ISRM), define risco como "uma medida da probabilidade e severidade de um efeito adverso à saúde, propriedade ou meio ambiente", sendo "frequentemente estimado pelo produto da probabilidade de um fenômeno de uma dada magnitude multiplicado por suas consequências".[77]

---

74 ARAÚJO, Raquel Otoni. **Proteção e Defesa Civil no Contexto de Desastres Socioambientais**: um estudo comparativo das políticas públicas da Comunidade dos Países de Língua Portuguesa. Universidade de Vila Velha-UVV, 2014. p. 121.

75 MENDONÇA, Marcos Barreto de. PINHEIRO, Mariana Talita Gomes. **Estudo da percepção de risco associado a deslizamento no bairro do Maceió, Niterói, RJ**.

76 DOUGLAS, Mary; WILDAVSKY, Aaron. **Risco e Cultura**: um ensaio sobre a seleção de riscos tecnológicos e ambientais, 2007. ed. Rio de Janeiro: Elsevier, 2012. p. 5.

77 FELL et al., 2008 apud MENDONÇA, Marcos Barreto de. PINHEIRO, Mariana Talita Gomes. **Estudo da percepção de risco associado a deslizamento no bairro do Maceió, Niterói, RJ**.

No entanto, é evidente que o risco "é a probabilidade de ocorrência de um evento", ou seja, há incerteza. Apesar disto e como medida de antecipar sua ocorrência, são desenvolvidos documentos, a exemplo do mapeamento de risco, que têm o condão de antever consequências menos catastróficas. Ocorre que, em que pese à existência da ideia de mapeamento de área de risco, cabe atentar que esta área não fica adstrita apenas às circunscrições do seu entorno e as especificidades, deste entorno, principalmente quando se pensa nas áreas urbanas. Afinal, o risco, quando se concretiza em um desastre, acaba mobilizando toda a cidade. Além disso, o mapeamento da área de risco é da cidade inteira e não somente da área ocupada por comunidades vulnerabilizadas pelo processo de desenvolvimento injusto e desigual. Na ocorrência de um desastre em áreas de risco, quem vai ter maior necessidade de ser atendido é a população excluída, tendo em vista que a população de alta renda habitando áreas de risco ela tem, muitas vezes, o seguro de seus bens a ser acionado. Isso coloca a questão em outro patamar, o da capacidade de adaptação e de resiliência das populações.

O principal problema a ser enfrentado hoje pela maioria dos estudiosos está relacionado ao risco em áreas urbanas estabelecidas que já estão formadas e não àquelas que serão formadas pelo processo de urbanização. Ou seja, é preciso observar as referidas áreas para que se estabeleça um plano no intuito de fazer a gestão da cidade já constituída, tal como apresentado no tópico referente ao uso e ocupação do solo.

Como visto anteriormente a área de risco foi sendo construída a partir de um longo processo histórico. Desta forma, o problema foi sendo criado no tempo. Neste sentido, não há uma lógica capaz de, em um curto período, acabar com o problema instalado no decorrer dos anos. Logo, essa questão ainda vai perdurar por um longo período até que seja pelo menos amenizada tendo em vista que solucionar um problema como este não pode ser considerado como possível, pelo menos pelos olhares da maioria dos estudiosos da sociologia, especialmente, no que tange a ausência de um planejamento que em seu âmago consiga estabelecer todas essas necessidades.

1.2.2 Do risco ao desastre

O risco como abordado anteriormente pode ter a sua construção de diversas formas, seja através do diálogo das várias ciências, seja através de equações. Ocorre que, para a finalidade desta pesquisa importa o risco adstrito a deslizamento de terras ou deslocamento de rochas. É buscando este objetivo que se insere o próximo tópico, quando será abordado o campo do desastre.

1.2.2.1 Conceito

Como demonstrado no decorrer deste trabalho a abordagem do desastre pressupõe o diálogo com as diversas ciências, sendo que cada uma delas contribui para a construção do conceito. Neste caso, o conceito a seguir reúne diversas compreensões a respeito de um mesmo evento chamado desastre. Assim, cabe-nos dizer que:

> Quando os fenômenos naturais atingem áreas ou regiões habitadas pelo homem, causando-lhe danos, passam a se chamar desastres naturais. A conceituação adotada pela UN-ISDR (2009) considera desastre como uma grave perturbação do funcionamento de uma comunidade ou de uma sociedade envolvendo perdas humanas, materiais, econômicas ou ambientais de grande extensão, cujos impactos excedem a capacidade da comunidade ou da sociedade afetada de arcar com seus próprios recursos. Os critérios objetivos adotados no Relatório Estatístico Anual do EM-DAT (Emerrngency Disatres Data Base) sobre Desastres 2007 (SCHEUREM et. al., 2008) consideram a ocorrência de pelo menos um dos seguintes critérios:
> • 10 ou mais óbitos ;
> • 100 ou mais pessoas afetadas;
> • declaração de estado de emergência ;
> • pedido de auxilio internacional.[78]

Ainda que não apresente grandes diferenças, cabe ainda enriquecer esta conceituação pela visão da Defesa Civil, quando então por meio do Glossário compreendem este como:

> resultado de eventos adversos, naturais ou provocados pelo homem, sobre um sistema (vulnerável), causando danos humanos, materiais e/ou ambientais e consequentes prejuízos econômicos e sociais. A intensidade de um desastre depende da interação entre a magnitude do evento adverso e o grau de vulnerabilidade do sistema receptor afetado.[79]

Por fim, e não menos importante revela-se adequado conceito trazido Tobin et al. apud Tominaga et al., na medida em que ele ultrapassa o conceito técnico e adentra no campo da sociologia quando demonstra as consequências advindas por este evento. Consequentemente,

> Desastres naturais podem ser definidos como o resultado do impacto de fenômenos naturais extremos ou intensos sobre um sistema social, cau-

---

78 TOMINAGA, Lídia Keiko; SANTORO, Jair; AMARAL, Rosangela do (Orgs.). **Desastres naturais**: conhecer para prevenir. São Paulo: Instituto Geológico, 2009.
79 Ibidem. p. 14.

sando sérios danos e prejuízos que excede a capacidade da comunidade ou da sociedade atingida em conviver com o impacto.[80]

Este conceito trazido acima é importante na medida em que ele contribui para a compreensão de que os desastres geram instabilidades nos locais de sua ocorrência, e, por este fato necessita do engajamento da comunidade para o enfrentamento destes eventos.

Ainda dentro deste objetivo acima, qual seja, de conceituar o desastre e principalmente o desastre inerente ao deslizamento de terras, que sopesa revelar com base na literatura da área o conceito abaixo:

> Os escorregamentos, também conhecidos como deslizamentos, são processos de movimentos de massa envolvendo materiais que recobrem as superfícies das vertentes ou encostas, tais como solos, rochas e vegetação. Estes processos estão presentes nas regiões montanhosas e serranas em várias partes do mundo, principalmente naquelas onde predominam climas úmidos. No Brasil, são mais frequentes nas regiões Sul, Sudeste e Nordeste.[81]

A apresentação das generalidades do risco teve o intuito de fazer a abertura do campo específico de estudo dos desastres, sendo que faz parte da pauta dos noticiários nacionais e regionais o constante acontecimento destes eventos, decorrentes da conjugação de diversos fatores, tais como alterações climáticas, ocupação de áreas de preservação, acúmulo de lixos em áreas inadequadas e até mesmo a desinformação da população de como lidar com o risco e o desastre. Assim, Mendonça e Pinheiro sintetizam que:

> os desastres provocados por deslizamentos no Brasil vêm se disseminando com o aumento de sua quantidade, magnitude e extensão territorial afetada. Como consequência, têm-se perdas materiais e de vidas humanas e graves danos sociais devido a desabrigados e desalojados. A diretriz comumente adotada para a redução desses desastres consiste basicamente na execução de obras de engenharia para a recuperação de encostas atingidas ou para a prevenção de novos eventos.[82]

A percepção estabelecida no texto acima tem apenas o cunho de demonstrar que, de um modo geral, os desastres passam a fazer parte do cotidiano das pessoas, que se veem inseridas no problema de forma direta ou indiretamente.

---

80   Ibidem. p. 14.
81   TOMINAGA, Lídia Keiko; SANTORO, Jair; AMARAL, Rosangela do (Orgs.). **Desastres naturais**: conhecer para preveni. São Paulo: Instituto Geológico, 2009.
82   MENDONÇA, Marcos Barreto de. PINHEIRO, Mariana Talita Gomes. **Estudo da percepção de risco associado a deslizamento no bairro do Maceió, Niterói, RJ**, 2014.

Não obstante, as perdas materiais, somam-se a estas, outras questões de maior relevo tais como os danos emocionais e os reflexos advindos do evento, que podem afetar de forma transitória ou permanentemente o indivíduo. De maneira a confirmar à proporção que tais eventos tomaram no cotidiano, revela-se adequada a citação do Programa de las Naciones Unidas para El Desarrolo, sintetizando que:

> En América Latina entre 2005 y 2012 más de 240.000 personas han fallecido por desastres qe han dejado también más de 57 milhones de afectados y más de 85 mil milhones de dólares americanos em pérdidas. Estas son cifras sorprendentes y más aún por su significado en términos de los atrasos em el desarrollo, el aumento de la pobreza y la desigualdad, ademáis de constituirse em un serio obstáculo para alcanzar el desarrollo sostenible humano y el cumplimiento de los Objetivos de Desarrollo del Milenio.[83]

Estabelecido então este quadro de inserção de desastres no cotidiano, insta esclarecer que o seu estudo reclama uma conversa em conjunto com as várias áreas de pesquisas, a esta investigação de forma conjunta entre as diversas ciências, denomina-se então interdisciplinariedade. Discorrendo sobre a questão Mendonça e Pinheiro, percebe, por sua vez, que o mesmo,

> "tem caráter portanto, interdisciplinar, envolvendo aspectos técnicos (estabilidades de enconstas; ações preventivas), sociais (processo de ocupação; impacto das consequências e ações preventivas) e de políticas públicas (gestão dos desastres e proteção social).[84]

A importância de se estudá-los, se justifica pelo fato de que, no Brasil, os desastres vem se tornando endêmicos, a exemplo dos ocorridos nos estados do Rio de Janeiro de Santa Catarina e Espírito Santo. Não obstante, a cidade, de uma forma geral, sofre com essa questão e nelas são as áreas carentes o problema se mostra mais presente. Assim,

> Os desastres naturais constituem um tema cada vez mais presente no cotidiano das pessoas, independentemente, dessas residirem ou não em áreas de risco. Ainda que, em um primeiro momento, o termo nos leve a associá-lo com terremotos, *tsunamis,* erupções vulcânicas, ciclones e furacões, os desastres naturais contemplam também processos e fenômenos que podem ocorrer naturalmente ou induzidos pelo homem.[85]

---

[83] Centro Regional del Programa de Naciones Unidas para el Desarrollo, para América Latina y el Caribe em Panamá. Reducción del Riesgo de Desastres y Recuperación. Que hace el PNUD n Gestión de Risgo de Desastre em América Latina y el Caribe.
[84] Ibidem., p.
[85] TOMINAGA, Lídia Keiko; SANTORO, Jair; AMARAL, Rosangela do (Orgs.). **Desastres naturais**: conhecer para prevenir. São Paulo: Instituto Geológico, 2009. p. 10.

Nesta concepção de que o desastre passa a fazer parte do contexto da vivência humana, a eminência do tema está cada dia mais evidenciada pela literatura quando uma grande parte dos estudiosos se propõe a investigar os seus fatores contribuintes.

Retomando de forma mais objetiva a importância da abordagem a respeito do conceito e contextualização dos desastres atualmente, importa salientar que a academia tem, por meio do desenvolvimento de trabalhos de pesquisas, a finalidade de contribuir juntamente com os órgãos e entidades governamentais com informações importantes para a sociedade civil afim de que a mesma seja alertada diante do risco associado ao desastre. É por este viés que é inserido o tema da educação e educação ambiental a ser tratado no capítulo terceiro como difusão de um conhecimento que almeja uma mudança de valores e atitudes como forma de enfretamento dos problemas que podem assolam o ambiente, ao qual, o homem indiscutivelmente faz parte.

Ao referenciar todas essas ideias de ocupação do solo urbano, construção do risco, desastres e suas consequências, principalmente no que se refere a perda da vida, diante dos inúmeros desastres dos últimos 20 anos, a exemplo da região serrana do Rio de Janeiro, considerado um dos de maior magnitude é preciso analisar que o campo a ser estudado deve em suas características tentar transpor todas essas ideias, para que então na prática a percepção esteja de forma esclarecedora.

Outrossim, em que pese existir diversos estudos no sentido de sempre alertar as comunidades para o enfrentamento dos desastres deve se estabelecer que pela maioria da literatura estudada ainda resta estabelecido que não se tem domínio sobre estes eventos, razão pela qual, torna-se devidamente complicado os enfrentamentos destes. Entretanto, a concepção anterior é apenas uma constatação, mas que não desconstrói alternativas para o enfrentamento destas instabilidades. É por assim considerar que a educação, tal como será apresentada, culmina na construção do processo de cidadania contribuindo para a formação de pessoas devidamente capazes de enfrentar os referidos desastres.

1.2.3 Das consequências da ocupação do solo e das áreas de risco – o desastre anunciado

A premissa que se estabeleceu-se neste trabalho foi de clarear sempre a mente do leitor e fazer atentar-se para as consequências advindas pelo uso indevido e a ocupação desordenada do solo. Neste sentido que antevendo alguns pontos que serão discutidos no decorrer do trabalho, mas, pelo descrição do Diagnóstico do Município de Vitória, relativo ao Alto Tabuazeiro, que só vem confirmar a ideia apresentada neste capítulo é que em breve descrição, o referido documento registra que:

> importante destacar que à ocupação desordenada, fundamentada no uso descontrolado do solo, foi se dando em ritmo crescente na medida em que o país encontrava-se inserido num paradigma socioeconômico que demandava o direcionamento de recursos para a expansão do parque industrial, deixando lacunas quanto às políticas sociais.[86]

É por assim considerar que o processo de ocupação desordenada e orientado pelo princípio ecônomico, como referenciado anteriormente, apresenta consequências irreparáveis no que se refere a perdas de bens imaterais. Vale aqui relembrar, mais uma vez, do desastre ocorrido na, hoje, Comunidade do Alto Tabuazeiro, em Vitória (ES):

> Já na década de 80, quando a Comunidade de Alto Tabuazeiro ainda era conhecida como Morro do Macaco ocorreu uma tragédia que marcou para sempre a história deste lugar. Na madrugada do dia 14 de janeiro de 1985, devido às fortes chuvas que caiam na cidade, um grande desabamento de toneladas de terra e pedras vitimou mais de 40 pessoas e deixou aproximadamente 600 famílias desabrigadas. Diante do cenário, muitas famílias tiveram de se mudar, inclusive de município, sendo que mais de 200 foram trasnferidas para o bairro de Feu Rosa, na Serra, a partir de um convênio firmado entre a PMV e a COHAB (A GAZETA, 2008).[87]

Esse evento foi considerado um dos maiores desastres do estado no que se refere à temática de deslizamento de terras. Ao observar o relato de um ex morador do bairro, afetado pelo desastre, percebe-se as várias consequências que um evento deste vulto pode ocasionar e de como a indiferença do Estado pode mobilizar a população

> " No entardecer daquele dia, começou a cair uma chuva forte. O deslizamento aconteceu por volta da 1 hora. Terra, pedras e árvores desceram, arrastando tudo. Minha casa foi a primeira a ser atingida. Fui tirado do morro no colo, e policiais civis me levaram para o hospital. Perdi minha esposa e meu filho de dois meses, que ficaram soterrados. Seus corpos nunca foram encontrados. Sobreviventes do morro e de outros bairros com risco de deslizamento foram para Feu Rosa, na Serra, em caráter provisório. Vimos que a promessa de novas casas perto de Vitória não seria cumprida começamos a lutar para ter a escritura das casas que

---

[86] MUNICÍPIO DE VITÓRIA. Diagnóstico Socioeconômico da Comunidade de Alto Tabuzeiro- Poligonal 14. Vitória, mar. 2009. p. 11.
[87] Idem., p. 12.

ocupamos até hoje. Há 187 famílias com seu lugar garantido, mas apenas 144 receberam escrituras". Adilson Inez Frederico, 51 anos. Presidente da Associação dos Ex- moradores de Tabuzaeiro. Mesmo após essa tragédia, muitas famílias voltaram a ocupar a região gradualmente, ignorando o risco e repovoando o mesmo local da catástrofe.[88]

Nota-se que um evento em si não pode ser visualizado de forma isolada. Quando mas quando se observa com melhor acuidade, todos os fatores que estão por detrás deste evento não revelados. É a crônica do desastre anunciado que é desenvolvida por todo um processo que desconhecendo ou ignorando fatores biogeofísicos, torna hegemônico o paradigma econômico. As consequências desta crônica são várias. É esta a intenção do próximo capítulo que, com o foco na área do Alto Tabuazeiro, enquanto território do município de Vitória.

---

88 Ibidem., p. 12.

CAPÍTULO II

ALTO TABUAZEIRO E PROJETO TERRA: da constatação ao processo de remoção em área de risco

Neste capítulo, o objetivo se constitui em discutir, a partir da ideia de ocupação do solo urbano bem como da visão de construção histórica do risco, a ocupação da área de pesquisa estudada- Poligonal 14, Alto Tabuazeiro e, posteriormente, fazer a caracterização do projeto Terra Mais Igual. Inicialmente, será apresentado um histórico da referida região com as origens da nomenclatura para, em seguida, analisar quais as contribuições do referido projeto foram capazes de proporcionar em termos de avanços na comunidade; para em seguida descrever como se deu a construção da pesquisa de campo para, ao final, apresentar e discutir os resultados obtidos com base na entrevista feita com moradores, agentes de saúde e líderes da comunidade. Por conta do pano de fundo da educação e da cidadania ambiental, que se procurou identificar, a partir do histórico da ocupação do solo da cidade de Vitória, uma área que tivesse sofrido desastre no passado para se procurar observar a contribuição da educação na formação da cidadania. Assim, foi selecionada a área do Alto Tabuazeiro, onde, na década de 80, ocorreu um deslizamento de terras decorrente de chuvas intensas levando a óbito mais de 50 pessoas.

2.1 Área de estudo: Alto Tabuazeiro

Na dinâmica da pesquisa, primeiro, tornou-se imprescindível descobrir como aquela área era assistida pela Municipalidade em termos de políticas públicas e administrativas. A forma como o município de Vitória busca organizar o seu território, com base em regionais, é um meio de facilitar o alcance das demandas por meio da descentralização de competências, facilitando a solução dos reclamas da sociedade, tendo em vista que, caso todas as demandas fossem direcionadas para apenas a sede da Prefeitura, o tempo para as suas soluções demoraria bem mais. Apesar disto, no que consiste a minha percepção a respeito desta forma empregada, saliento que observei um contato superficial entre os líderes comunitários e os responsáveis pelo Município, sendo que, na maioria das vezes, não existe um pensamento linear, ou seja, um diálogo contínuo entre o município e a liderança da comunidade. Apesar disto, o fato de que a regional encontra-se no entorno do bairro, tal como a de Maruipe que atende a região do Tabuazeiro e Alto Tabuazeiro facilita o acesso dos moradores podendo ser utlizado como indicativo para a construção de cidadania ao passo que contribuir com a redução das distâncias para a apresentação destes reclama torna o cidadão mais engajado na busca pela conquista dos seus direitos.

Desta forma, em atendimento as necessidades da comunidade foi imperioso de se organizar o território de maneira a facilitar a ação no município. Em assim considerando, o Município de Vitória, com base na lei 6.077/2003[89], que dispõe sobre a regionalização do município, fez a divisão dos bairros para que, então, pudesse melhor lidar com os problemas das comunidades. Com base na legislação acima, o bairro do Alto Tabuazeiro passa a ser atendido pela Regional IV, denominada de Maruípe, a qual atende, ainda, as sub-regionais de São Cristovão, esse vizinho ao primeiro. No que consiste ao atendimento das necessidades básicas de saúde, o Alto Tabuazeiro é atendido pelo Posto de Saúde de São Cristovão, onde se encontram os atendimentos de saúde na área médica e bucal, estando em funcionamento o Programa de Saúde da Família/PSF, cuja atribuição é acompanhar todos os domicílios da referida região segundo a política do SUS[90]. Ademais, uma vez que são os profissionais atuando no PSF que acompanham o dia a dia dos residentes do bairro nada melhor do que, através deles, conseguir alcançar as informações pertinentes à comunidade. Assim, em uma visita ao posto de saúde de São Cristóvão (Figura 2), em outubro de 2014, fomos informados que, naquela região, quatro agentes de saúde atendiam a comunidade, sendo que para cada agente era delimitada uma proporção de domicílios de forma que todos fossem alcançados. De acordo com o SUS, as agentes de saúde devem ser moradores das comunidades, o que os diferenciam dos outros profissionais da área de saúde.[91]

---

89   Lei 6.077/2003. Regulamenta a organização do Município em bairros e dá outras providências. Ref.Proc. 5765708/03 – Alterado o Art. 2º pela Lei nº 8.611/13. Disponível em: <http://sistemas.vitoria.es.gov.br/webleis/consulta.cfm?id=92764>. Acesso em: 10 fev. 2015.

90   Lei 11.350,2006. Dispõe sobre a profissão de agente comunitário. Disponível em: <http://www.planalto.gov.br/ccivil_03/_ato2004-2006/2006/lei/l11350.htm>. Acesso em: 10 fev. 2015.

91   Lei 11.350,2006 Art. 6º O Agente Comunitário de Saúde deverá preencher os seguintes requisitos para o exercício da atividade:
I – residir na área da comunidade em que atuar, desde a data da publicação do edital do processo seletivo público;
II – haver concluído, com aproveitamento, curso introdutório de formação inicial e continuada; e
III – haver concluído o ensino fundamental.
§ 1º Não se aplica a exigência a que se refere o inciso III aos que, na data de publicação desta Lei, estejam exercendo atividades próprias de Agente Comunitário de Saúde.
§ 2º Compete ao ente federativo responsável pela execução dos programas a definição da área geográfica a que se refere o inciso I, observados os parâmetros estabelecidos pelo Ministério da Saúde.

Figura 1 e 2 – Detalhes da Unidade de Sáude de São Cristovão – localizado na rua Alcides Lyrio do Nascimento 60, Tabuazeiro, atendimento das seguintes comunidades: São Cristovão, Tabuazeiro e Alto Tabuazeiro

Fonte: arquivo pessoal, 2014.

A ideia inicial para se fazer a pesquisa pelo Posto de Saúde, mostrou-se como a bem adequada como forma de aproximação da comunidade, uma vez que a área de pesquisa é considerada vulnerável, tendo grande influência de tráfico. Entretanto, ultrapassada essa barreira inicial, era preciso fazer todo o levantamento de dados referente ao objetivo da pesquisa, obter um quadro geral das pessoas que estivessem residindo em áreas vulneráveis, compreendendo como sendo aquelas que apresentam risco relacionado ao desastre de deslizamento assim como aquelas ambientalmente protegidas pela municipalidade.

Ocorre que por ser uma pesquisa que depende de dados a serem fornecidos por outras pessoas o rigor em prestar algumas informações deve necessariamente passar pelo crivo de uma comissão ética no sentido de demonstrar a relevância da pesquisa. Neste caso, a diretora do Posto de Saúde de São Cristovão informou que primeiramente deveríamos recorrer a Escola Técnica de Saúde do SUS- ETSUS, pois é nela que estão todas as informações a serem prestadas em caso de pesquisa. Entretanto, em que pese o fato de que essas informações deveriam ser prestadas pela ETSUS era necessário que o referido pedido fosse devidamente protocolizado junto à administração do Município de Vitória. Como esse procedimento poderia inviabilizar a pesquisa, optou-se por através de uma declaração verbal dos agentes de saúde assim como com base em um número de domicílios daquela região fazer uma média e, então, realizar a entrevista com um número de aproximadamente 40 participantes, incluindo os agentes de saúde, moradores do bairro e líderes comunitários.

Com o objetivo de construir um procedimento metodológico que alcançasse os objetivos de pesquisa propostos, buscou-se com base nos arquivos destas imagens de residências que eram consideradas como de risco. Sendo assim, as figuras de 3 a 8, do arquivo do Projeto Terra Mais Igual, inseridas abaixo, percebe-se que na referida área era notória a presença de residências construídas de forma ilegal, demonstrando o risco. As fotos foram fornecidas pela Administração do Projeto Terra Mais Igual, estabelecendo a sua atuação, primeiro no aspecto de identificar essas residências, para posteriormente iniciar o trabalho de remoção dessas famílias. Cabe chamar atenção para o fato de que essas fotos datam de 2011/2012, ou seja, há aproximadamente 4 anos atrás.

Figura 3 – Casa construída em madeira, 2011

Fonte: PMV – arquivo da Regional 14.

Figura 4 – Casa construída em madeira inserida na vegetação natural, 2011

Fonte: PMV – arquivo da Regional 14.

Figura 5 – Casa construída em madeira, sendo que a sua estrutura está alicerçada na pedra, com sustento em madeira, 2012

Fonte: PMV – arquivo da Regional 14.

Figura 6

Fonte: arquivo do Projeto Terra, Poligonal 14, 2012.

Figura 7

Fonte: arquivo do Projeto Terra, Poligonal 14, 2012.

Figura 8

Fonte: arquivo do Projeto Terra, Poligonal 14, 2012.

Foi com base nesta inquietação de investigar como ocorria este processo de ocupação, construção do risco e posterior atuação do projeto que pode ser alavancada a análise. Apesar das dificuldades encontradas para a realização da pesquisa, em uma das oportunidades de entrevista, no posto de saúde, obteve-se a informação de que seria possível contatar com a líder Maria[92], que por ser atuante na comunidade, tem facilidade para se deslocar dentro do bairro. Assim, após contato telefônico, tornou-se possível um agendamento para entrevista e visita a comunidade.

A respeito da região de estudo vale revelar que anteriormente denominado de Morro dos Macaco, a comunidade passou por diversas denominações, sendo atualmente conhecido como Alto Tabuazeiro e, também, como Bela vista, se relacionando à vista privilegiada que podemos ter do local. Segundo a Sra. Maria, as diferentes denominações deste território procuram revelar as características especiais do bairro. Cabe ressaltar o paradoxo das denominações, passando do Morro dos Macaco para Bela vista... por ter uma vista privilegiada de Vitória, Terceira Ponte, Convento da Penha e da própria baía de Vitória.

Ainda com relação à entrevista realizada com a Maria, foi possível observar que a mesma exerce uma atividade de suma importância, angariando recursos e mantimentos para moradores da comunidade, ela possui uma ligação

---

92   Uma vez que as pessoas entrevistadas, tal como Maria, possuem uma forte ligação com os moradores da comunidade e no intuito de que não venham se comprometer com as declarações prestadas reforçamos que os nomes são fictícios.

muito forte com o Território, demonstrando uma facilidade na percepção das necessidades do bairro, desde as necessidades básicas das crianças até outras tais como assistência em hospitais, no sentido de conseguir acompanhantes para moradores da comunidade.

Abordando a questão das fortes chuvas de dezembro de 2013, Maria informou, ainda, que, nas muitas famílias, foram direcionadas para a Escola Suzete Cuendet, no bairro Maruipe, que fica no entorno do Alto Tabuazeiro, sendo que seria o local mais indicado naquele momento. Com essa fala, confirma-se o que foi abordado em capítulo anterior os desastres não permanecem circunscritos aos limites do bairro da sua ocorrência, o que caracteriza que o desastre faz parte do contexto do município.

Dentro do contexto do risco, existem aqueles que são postos pelos órgãos de proteção como de maior e outro de menor grau de probabilidade. A esse respeito, vale mencionar o que a Defesa Civil utiliza parâmetros diferente dos cientistas para identificar o risco. Sendo assim, com base no que a própria literatura menciona a respeito dessa questão, Maria elucida que o local de maior risco era denominado de Favelinha. Por ser um local de maior risco, as residências localizadas neste lugar foram devidamente interditadas pelo Projeto Terra Mais Igual e, posteriormente, grande parte de sua estrutura foi demolida, o que se observa na figura abaixo:

Figura 9 – Residências demolidas conforme projeto Terra Mais Igual, no local chamado, pelos moradores, como sendo Favelinha – local de alto risco segundo o mapa

Fonte: arquivo pessoal.

Fazendo um panorama atual desta localidade com base nas idas a campo, observa-se que diversas residências foram demolidas, ou seja, a realidade atual demonstra que em certa medida o projeto esteve atuando na localidade, sendo que tal como poderá ser referenciado posteriormente no capítulo três a realidade do final de 2014 e início de 2015 é de que os materiais e bases destas casas, não foram totalmente removidos não ocorrendo o restabelecimento da área de preservação ambiental.

Certo é que nestas áreas, em que a vulnerabilidade e o risco estão presentes uma das formas de atuação da municipalidade é no sentido de reflorestar esses locais com o objetivo de torná-las como em seu ambiente inicial, tal como estabelece o objetivo específico de número 5 do projeto[93], ainda que não seja possível retornar para o mesmo ecossistema existente anteriormente. Entretanto, embora seja uma informação que não se pode tomar como absoluta necessitando de uma investigação ainda maior, a Maria informou que a própria municipalidade realizou cortes de árvores no local.

Um dos pontos que vale ser levantado é a questão relativa à percepção do risco na área. O que se observa na fala da Maria é a admiração pelo local "o meu lugar é o lugar mais lindo". Ela se refere ao território e sua comunidade com todos os seus problemas socioambientais inclusive identificados pelo município através do Projeto Terra Mais Igual. O que se observa são diferentes percepções sobre a mesma área: uma perpassada pela conveniência com a vizinhança e com o estreitamento de laços comunitários; e outra com base em critérios cientificamente válidos. Sem entrar na tensão entre senso comum e conhecimento científico, estas diferentes percepções cria tensões entre o Estado e a comunidade principalmente no caso de remoções e reassentamentos.

Ainda sobre a questão da remoção, é preciso estar atento ao fato de que uma das dificuldades encontradas é o fato da adaptação aos novos ambientes, principalmente, no que se refere a vizinhança bem como no acesso aos bens básicos existentes nestes novos lugares. Foi isto que foi observado na fala de Maria quando disse que muitas pessoas que foram embora e, por sua vez, se inseriram em bairros como Terra Vermelha – Vila Velha/ES e Feu Rosa – Serra/ES. Mesmo assim elas, retornaram, pois no reassentamento não foi suficiente para o atendimento à suas expectativas, sejam elas emocionais, econômicas e afetivas. Essa observação será retomada quando abordado alguns dos objetivos do projeto.

---

93   Estabelecer o limite de ocupação, preservando e reflorestando as áreas de interesse ambiental (AIA), intervindo para eliminação ou desocupação das áreas de risco e inibindo novas ocupações, em parceria com a comunidade. Fonte: MUNCÍPIO DE VITÓRIA. **Metodologia do Projeto Terra Mais Igual**, Estado do Espírito Santo, Vitória, 2007. p. 4.

Como abordado na parte introdutória deste segundo capítulo, ao longo dos séculos o "país foi capaz de acumular uma enorme dívida social" com a população. Foi com este objetivo de diminuir este débito que o programa Terra Mais Igual foi idealizado. Tanto é assim, que o próprio município na Metodologia do Programa Terra Mais Igual chama atenção para essa questão:

> Buscando resgatar a enorme dívida que o país acumulou com a população de baixa renda, em função do modelo econômico adotado nas últimas décadas, a Prefeitura Municipal de Vitória, em suas cinco últimas administrações, priorizou o investimento de recursos no âmbito das políticas sociais, mais especificamente, nas áreas de saúde, educação e urbanização de favelas.[94]

Nesta mesma linha que procura justificar os motivos que impulsionaram a idealização e execução do projeto, vale ressaltar que mesmo com esse histórico de desastre ocorrido nos anos 80, ainda, hoje algumas residências permanecem fixadas em encostas e locais inapropriados para moradia.

Figura 10 – Residência construída em madeira

Fonte: arquivo pessoal, 2015.

Foi na busca por contribuir com a "diminuição da dívida acumulada com a população de baixa renda" ao longo dos anos que o Município iniciou a

---

94 MUNCÍPIO DE VITÓRIA. **Metodologia do Projeto Terra Mais Igual**, Estado do Espírito Santo, Vitória, 2007. p. 4.

urbanização de favelas. Esta foto acima de 2015 demonstra o paradoxo que ainda hoje, muitas famílias vivem em residências precárias, no sentido do risco de deslizamento. Foi com este intuito que a partir do inicial projeto São Pedro a municipalidade buscou atingir este objetivo.

Não somente na região Alto Tabuazeiro aqui estudada nesta pesquisa, mas também em outras regiões da Grande Vitória, a intenção do projeto foi de permitir uma melhoria na vida das famílias que estavam instaladas em lugares ambientalmente protegidos e que poderiam ser considerados como de risco, sobretudo, pelo viés atribuído neste trabalho que é referente ao deslizamento de terra ou deslocamento de rochas. Daí, a importância do projeto no sentido de propiciar a inserção desta população como detentora dos direitos básicos, a exemplo de uma moradia digna. Neste caso,

> A experiência com a urbanização de favelas inicia-se em 1990, com o Projeto São Pedro, tendo como objetivo melhorar a qualidade de vida das famílias que ocupavam de forma degradante o ecossistema do manguezal na parte oeste da Ilha de Vitória.[95]

Cabe esclarecer que o Projeto São Pedro tinha por finalidade remover as famílias residentes em áreas de manguezais na orla, considerando estas áreas de proteção ambiental. Quanto à metodologia do Projeto São Pedro que posteriormente será passada para o Projeto Terra Mais Igual revela-se "a participação com a comunidade sendo envolvida em todas as etapas do processo, desde a elaboração do Projeto até a execução das obras".[96] Outro dado importante a ser observado relativo a este projeto, afirmado na metodologia do Projeto é que:

> O êxito do Projeto São Pedro, praticamente eliminando as palafitas da região oeste da ilha, e garantido um controle mais efetivo das ocupações nas áreas de mangue na orla, somado à falta de investimento na produção de habitações de interesse social para suprir a demanda, demonstrou na prática o que os técnicos municipais já haviam levantado por previsibilidade lógica: o aumento das ocupações nas áreas de morro, principalmente no maciço central.[97]

Sendo assim, com base no que foi exposto anteriormente o Projeto Terra Mais Igual origina-se do Projeto São Pedro, inserindo em sua metodologia o princípio norteador da participação.

---
95 Ibidem., p. 4.
96 Ibidem., p. 4.
97 MUNCÍPIO DE VITÓRIA. **Metodologia do Projeto Terra Mais Igual**, Estado do Espírito Santo, Vitória, 2007, p. 4.

No que se refere aos objetivos[98] e metas do projeto que estão estreitamente ligados à pesquisa (ou seja, educação e cidadania ambiental), podem ser citados os seguintes:

> Objetivo Geral – Promover a melhoria da qualidade de vida da população socialmente excluída, efetuando seu <u>empoderamento</u>[99] através de um conjunto integrado de ações sociais, obras e serviços de natureza pública, que viabilizem as mesmas condições de acesso aos bens e serviços públicos das demais áreas do município.
> Objetivos Específicos do Terra Mais Igual
> 1. Contribuir para a ampliação da <u>participação</u> e <u>fortalecimento das organizações sociais e da comunidade</u>, visando à criação de novas perspectivas e valores que contribuam na melhoria dos índices sociais;
> 2. Implementar ações sociais integradas, com vistas à melhoria e ampliação dos serviços e da <u>participação popular</u> em todas as fases de desenvolvimento do Programa;
> 5. Estabelecer o limite de ocupação, preservando e reflorestando as áreas de interesse ambiental (AIA), intervindo para eliminação ou desocupação das áreas de risco e inibindo novas ocupações, em <u>parceria com a comunidade</u>;
> [...]
> Quanto as metas mobilizadoras inserem-se no contexto de educação e cidadania ambiental as seguintes:
> 4. Desenvolver ações socioambientais e sanitárias, <u>buscando a promoção de novos valores e hábitos</u> de higiene e convivência coletiva em 100% das Poligonais;
> 13. Remover 100% das famílias residentes em áreas impróprias à ocupação (área de interesse ambiental e risco), oferecendo as alternativas contidas na Lei que institui a política habitacional do Município;
> 14. Estabelecer o limite da ocupação urbana, <u>demarcando e sinalizando</u> 100% das áreas impróprias à ocupação (área de interesse ambiental e de risco);
> 15. <u>Abolir, em 100%, o número de novas ocupações</u> em áreas impróprias à ocupação (de interesse ambiental e/ou de risco);
> 16. Definir o uso de 100% das áreas impróprias à ocupação (AIA);

A inclusão das metas 13, 15 e 16 se justificam porque no relatório a que se teve acesso está esclarecido que na metodologia do projeto que um dos seus eixos consiste no desenvolvimento urbano e humano, sendo que essa concepão de preservar as áreas ambientais e também garantir direitos básicos aos cidadãos contribui para a cidadania ambiental na medida em que estabelecem limites as ações humanas.. Ainda no que se refere aos aspectos gerais do projeto cabe destacar que o mesmo busca a "participação social, a

---

98 Ibidem, p. 6
99 As palavras foram sublinhadas, nesta citação, pelo autor por se remeterem as duas temáticas da pesquisa – educação e cidadania ambiental.

integração institucional a gestão compartilhada", compreendendo três fases, quais sejam: pré-urbanização; urbanização e pós-urbanização.[100]

2.2 O projeto Terra no Alto Tabuazeiro

Desta forma, abordados os aspectos gerais do projeto agora de forma mais específica cabe destacar a sua atuação no âmbito do Alto Tabuazeiro. O Projeto Terra Mais Igual busca atender todas as comunidades em situação de risco habitacional. A respeito do amplitude do projeto Terra Mais Igual e de sua área de atuação, vale mencionar que o mesmo se estende a maioria dos bairros do município de Vitória, tendo como prioridade as áreas que possuem indicativos de vulnerabilidade socioeconômica, compondo as Zonas de Especial Interesse Social (ZEIS) do Plano Diretor Urbano de Vitória, agrupadas nas Poligonais e consideradas, em 2007, como sendo " as últimas áreas carentes do município".[101] Sendo que, através de informação veiculada pelo site[102] da municipalidade, o projeto divide as áreas de atendimento em 15 poligonais compostas por 33 bairros, 12 comunidades, e, aproximadamente 25.355 domicílios com uma população de 84.114 habitantes conforme censo de 2010. Estando as poligonais organizadas da seguinte forma:

> Poligonal 1 Abrangência: bairros Consolação, Gurigica, São Benedito, Itararé, Bonfim e da Penha; comunidades de Jaburu, Constantino, Floresta e Engenharia. Domicílios: 8.863 População: 30.008. Poligonal 2 Abrangência: bairros Forte São João, Cruzamento e Romão; comunidade Alto de Jucutuquara Domicílios: 2.013 População: 7.068 Poligonal 3 Abrangência: bairros Piedade, Fonte Grande, do Moscoso e Santa Clara; comunidade Capixaba Domicílios: 1.006 População: 3.397 Poligonal 4 Abrangência: bairro Santa Helena; comunidade São José Domicílios: 322 População: 1.164 Poligonal 5 Abrangência: bairro Jesus de Nazareth Domicílios: 739 População: 2.565 Poligonal 6 Abrangência: bairro Ilha do Príncipe Domicílios: 764 População: 2.373 Poligonal 7 Abrangência: bairros Ariovaldo Favalessa, do Quadro, do Cabral e Caratoíra; comunidade Alagoano Domicílios: 2.901 População: 9.554 Poligonal 8 Abrangência: bairros Santo Antônio, Inhanguetá e Bela Vista; comunidade Pedra do Bode Domicílios: 2.503 População: 8.070 Poligonal 9 Abrangência: bairros Comdusa e Santos Reis. Domicílios: 598 População: 1.938 Poligonal 10 Abrangência: bairro Conquista; comunidade Alto Resistência Domicílios: 787 População: 2.728 Poligonal 11 Abrangência: bairros Joana d'Arc, Andorinhas e Santa Martha; comunidade Mangue Seco Domicílios: 1.858

---

100 Ibidem., p. 5.
101 Ibidem., p. 8.
102 MUNICÍPIO DE VITÓRIA. Projeto Terra Mais Igual: poligonais do projeto. Vitória, 2015. Disponível em: <http://www.vitoria.es.gov.br/projetoterramaisgual.htm>. Acesso em: 15 jan. 2015.

População: 5.670 Poligonal 12 Abrangência: bairro Ilha das Caieiras Domicílios: 596 População: 2.042 Poligonal 13 Abrangência: bairro Maria Ortiz Domicílios: 590 População: 1.853 **Poligonal 14 Abrangência: bairro Tabuazeiro; comunidade Morro do Macaco Domicílios: 1.564 População: 4.909** Poligonal 15 Abrangência: bairro Ilha de Santa Maria Domicílios: 251 População: 775 (grifos nosso).

Observa-se que embora os dados acima façam referência a mais de 4.000 domicílios (segundo Censo de 2010), e confrontando esta informação com a de que os agentes atendem em média 450, tal diferença justifica-se se considerado o fato de que o Alto Tabuazeiro é apenas uma parte do bairro, onde o risco relativo a deslizamento de terras e deslocamento de rocha é maior considerando as qualidades das edificações. Como o próprio Diagnóstico Socioeconômico da Comunidade, elaborado pelo município em 2009 do Alto Tabuazeiro diz,

> A região onde se localiza a referida comunidade caracteriza-se, de forma geral, por ser uma área de difícil acesso e com alto risco social e geológico, o que muitas vezes agrava o fenômeno da exclusão, uma vez que essa região encontra-se em alto grau de pobreza e abandono.[103]

Correlacionando com o que Lima e Siqueira evidenciaram ao abordar a questão da exclusão, resta demonstrando os riscos inseridos na comunidade, e quando fala-se em riscos não está de forma individual, neste momento, apenas analisando a questão ligada aos desastres, mas o risco com a violência, risco por falta de uma estrutura adequada que tem por finalidade proporcionar uma vida digna a cada um dos moradores.

> A comunidade de Alto Tabuazeiro compõe juntamente uma porção do bairro Tabuazeiro a Poligonal 14. Essa Poligonal compreende uma área de 656.102,27 m2 e abriga uma população de 5.852 habitantes distribuídos em 1.715 domicílios.[104]

Um outro aspecto a destacar sobre o Alto Tabuazeiro é a situação geográfica cercada por áreas de proteção ambiental (APA):

> Além de estar inserido na APA do Maciço Central, seu território ainda é composto pelo Parque Natural Municipal de Tabuazeiro e pela porção norte do Parque Natural Municipal da Pedra dos Olhos (localizado em sua totalidade no bairro Tabuazeiro). Limita-se ao norte com o Parque Natural Municipal Vale do Mulembá- Conquista; ao sul com o Parque Natural Municipal Pedra dos Olhos e o bairro Fradinhos; à leste com

---

103 MUNICÍPIO DE VITÓRIA. **Diagnóstico Socioeconômico da Comunidade de Alto Tabuazeiro**. Vitória Março de 2009, p. 6.
104 Ibidem, p. 10.

a APA do Maciço Central e o bairro Maruípe; e a oeste com a APA do Maciço Central.[105]

Outro marco fundamental da comunidade é justamente a Pedra dos Dois Olhos, sendo citada várias vezes durante as entrevistas com liderança comunitária e moradores, demonstrando que a referida pedra é um importante símbolo de preservação para o Território.

> O nome Tabuazeiro origina-se de uma árvore conhecida como Tabuá, que dava pequenos frutos de sabor ácido. As árvores, os tabuazeiros, faziam parte da paisagem das fazendas existentes no local.[106]

A forma descentralizada adotada pelo município, como demonstrado anteriormente, tem por finalidade atender os reclamas da população de forma mais constante. A área, na maioria das vezes, por sua amplitude, não consegue administrar todos os seus problemas, considerando o contingente de habitantes que ali residem. Cabe mais uma vez ressaltar que a comunidade é atendida pela regional 4, Maruipe, contemplando um total de 12 bairros, e portanto uma região significativa para o Município por abrigar um grande contingente populacional. A título de exemplo, desta observação o quadro a seguir demonstra a quantidade de pessoas e domicílios que ali se encontram em toda a região que se encontra o Alto Tabuazeiro:

Região Administrativa 4 – Maruípe, dados socioeconômicos[107]

Indicadores	Dados
Número de bairros	12
Área (km²)	5.684
População (2010)	54.402
Densidade demográfica (hab/km²)	9.570
Número de domicílios (2010)	17.009
Renda média R$ (2010)	806,72
Atividades econômicas (2012)	10.903

---

105 Ibidem., p.11.
106 Ibidem., p.11
107 Fonte: IBGE (2010); Coordenação de Cadastro Imobiliário – SEMFA/PMV. istematização: Gerência de Informações Municipais – SEGES/PMV Nota: O Censo 2010 identificou 132 pessoas e 29 domicílios no setor censitário denominado "Demais Setores", Localizado na área do maciço central a qual não integra nenhuma Região Administrativa.

Oportuno também mencionar que a citação abaixo só vem reforçar as considerações apresentadas no primeiro capítulo de que foi a partir da década de 40, 50 e 60 que a população aumentou significativamente, confirmando o entendimento de que este processo foi desencadeado pelo processo migratório.

> Breve caracterização
> A Região Administrativa 4 – Maruípe abrange uma das áreas de ocupação mais antiga da cidade de Vitória, iniciado a partir da década de 1930 com loteamento Vila Maruhype, denominado posteriormente de Vila Maria. No entanto foi na década de 1940 que esse processo se intensificou em virtude do aumento populacional decorrente do processo migratório de pessoas que chegavam a capital em busca de melhores condições de qualidade de vida. A Região guarda um pouco da história da cidade que possui ícones como o Museu Solar Monjardim, do século XVIII, considerado a mais antiga construção rural particular do período colonial capixaba. Outros equipamentos marcantes são o Hospital Universitário, o Parque do Horto de Maruípe, com área de 50 mil m², e o cemitério Boa Vista, conhecido como cemitério de Maruípe, o maior da capital. É a Região Administrativa mais populosa, a terceira em área e a que possui maior densidade demográfica (hab/km²).[108]

De acordo com a informação veiculada pelo site[109] do Município de Vitória o projeto Terra Mais Igual atendeu uma média de 6.900 pessoas dos anos de 2006 a 2012, conforme o quadro abaixo:

Tabela 3 – Público Atendido em Ações de Educação Ambiental – 2006 a 2012[110]

Ação	2006	2007	2008	2009	2010	2011	2012	Total
Mangueando na Educação	14.622	6.500	10.500	10.200	10.990	6.518	6.500	65.830
Projeto Terra Mais Igual	703	731	916	1.020	1.800	1.280	450	6.900
Projeto Formação	186	290	300	211	362	180	90	1.619
Projeto Tempo Integral	-	184	1.850	550	870	1.212	4.118	8.784
Projeto Arborização	-	1.500	-	-	-	300	0	1.800
Projeto Resíduos Sólidos	1.900	1.500	1.525	821	1.250	800	670	8.466
Projeto Dono Cidadão	-	1.560	-	-	-	150	-	1.710
Domingo nos parques	2.100	6.000	11.200	-	-	-	-	19.300
Total	19.511	18.265	26.291	12.802	15.276	10.447	11.828	114.409

---

108 Disponível em: <www.vitoria.es.gov.br>. Acesso em: 10 jan. 2015.
109 Vitória, acesso em: 10 fev. 2015.
110 Fonte: Relatório de Gestão da SEMMAM Elaboração: Gerência de Informações Municipais – SEGES/PMV. Última atualização: jan. 2013.

Com base na tabela anterior fica evidente que o Projeto Terra Mais Igual em termos de educação ambiental somente é suplantado pelo Projeto Mangueando na Educação, um projeto cujo público alvo são crianças. Entrementes, por se tratar de um tema emergente os desastres tornam-se o alvo no sentido em que são bens como a vida humana que são perdas irreparáveis que estão em jogo.

Sendo assim, com base nos objetivos e metas do projeto o mesmo circunscreve como de suma importância na medida em que tem por finalidade contribuir com a educação ambiental, isso só vem aprimorar a concepção de que a sua construção se deu justamente em contrapartida com a lógica do desenvovimento econômico que não estabelece limites para a ação humana bem como pela ausência de mecanismos eficientes que inibam a ocupação de áreas ambientalmente que deveriam ser preservadas, e, tal como o projeto mangueando na educação o Projeto Terra Mais Igual tem a oportunidade de projetar no cidadão uma nova forma de pensamento o que faz refletir a respeito da sua realidade no mundo o que acaba por prever o pensamento de Guattarri.

2.3 Dos resultados... a vulnerabilidade do território: a visão dos locais

A partir de um questionário semiestruturado[111] **(Anexo II)**, a pesquisa foi aplicada a 37 (trinta e sete) pessoas, as opções iniciais da pergunta de número 1 encontravam-se: responsável, cônjuge, dependentes e outras, com exceção de dois agentes e três moradores, os demais informaram serem responsáveis por seus lares. Relativo ainda ao resultado deste questionamento importa dizer que 55% dos entrevistados são mulheres e os demais 45% homens. Isto só vem confirmar o Diagnóstico da comunidade do Alto Tabuazeiro realizado pelo muncípio de Vitória em 2009, ainda que não tenha sido este o objeto principal da pesquisa mas que contribui na descrição do perfil dos chefes de famílias, "a composição do gênero demonstra-se equilibrada, com a população feminina representando 51% do total de moradores, enquanto a masculina conta com 49%. Desta forma, os dois resultados tanto aplicado em 2009 e 2014/2015 confirmam esta ideia de que a composição do gênero masculino e feminino encontra-se equilibrada.

Quanto a localidade e distância que normalmente os moradores, agentes e líderes percorrem para resolver questões relativa ao pagamento de água, luz, registro de identidade, cadastro de pessoa física e correios etc. (pergunta 2) e também quais os meios de transporte que utilizam para esta finalidade

---

111 O referido questionário faz parte do trabalho de MENDONÇA, Marcos Barreto de; PINHEIRO, Mariana Talita Gomes. Estudo da percepção de risco associado a deslizamento no bairro do Maceió, Niterói, RJ. **Revista Comunicação e Educação Ambiental**, v. 2, n. 2, p. 78-94.

(pergunta 3) e tempo dispendido para chegar ao local (pergunta 4), foi notório que a maior parte, em 80% (dos entrevistados) solucionam essas demanadas na Praça de Eucalipto que fica aproximadamente, à 1,5 Km de distânia do bairro. Já os demais 20% se destinam ao Centro da Capital ou a Casa do Cidadão para esta finalidade, sendo que normalmente o percurso a pé até a praça é de 15 a 20 minutos e para o centro, indo de ônibus, de aproximadamente 1 hora, o que determina no caso deste último destino é o transposrte público. Caso ainda este percuso seja realizado por meio de bicicleta, a pé ou automóvel ou poderá variar de 5 a 10 minutos para a praça e de 15 a 30 minutos para o centro variando de acordo com os dias da semana e o trânsito . Isto mostra que apesar da referida praça se situar próxima a comunidade, a sua população ainda tem que fazer este deslocamento ao passo que se houvesse, por exemplo, uma filial dos correios na localidade contribuiria bastante para a resolução destas questões relativa a registro de CPF e recebimento de encomendas e outros serviços oferecidos por esta empresa. Já com relação a (pergunta 3), o percentual de 60% das pessoas utilizam ônibus para este trajeto, 20% fazem o percurso a pé, enquanto 10% utilizam bicicleta e os outros 10% automóvel próprio. Curiosamente quis questionar como norlmamente guardavam seus veículos vez que as residências ali não possuem garagem, fui informado de que normalmente alugam garagem no entorno do morro ou os veículos permanecem na ladeira de acesso à comunidade, ou seja, na parte baixa do Tabuazeiro. Ainda quanto ao perfil da comunidade pelo viés socioeconômico (pergunta 6), obteve-se o seguinte resultado:

Gráfico 1 – Média Salarial da Comunidade de Tabuazeiro e Alto Tabuazeiro (Observação: referente a este gráfico estão excluido do gráfico os líderes comunitários)

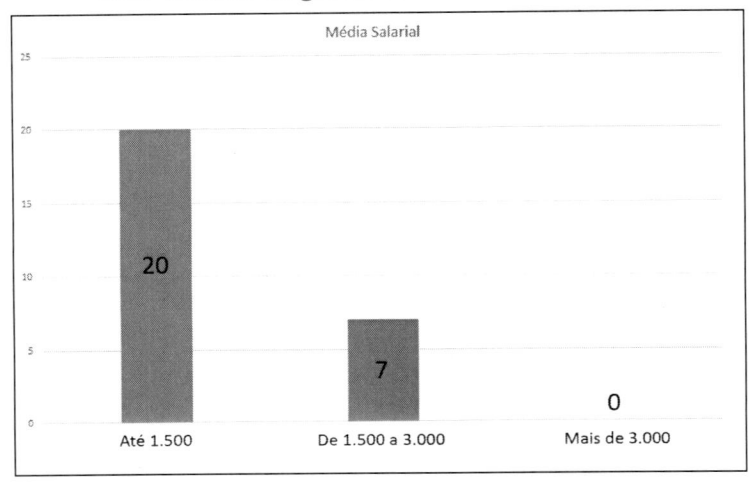

Média Salarial	
Até 1.500	20
De 1.500 a 3.000	7
Mais de 3.000	0

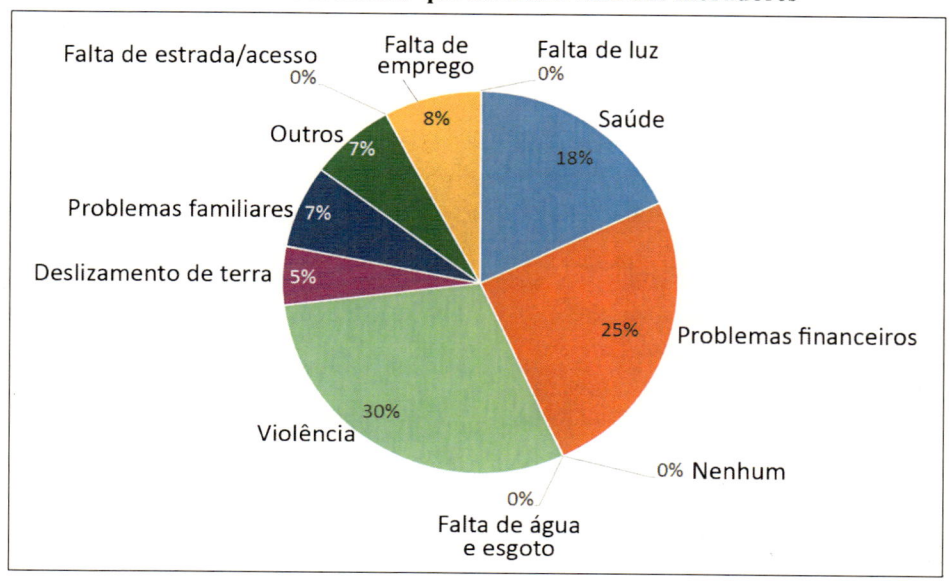

Gráfico 2 – Problemas que afetam a vida dos moradores

- Falta de estrada/acesso: 0%
- Falta de emprego: 8%
- Falta de luz: 0%
- Saúde: 18%
- Outros: 7%
- Problemas familiares: 7%
- Deslizamento de terra: 5%
- Violência: 30%
- Problemas financeiros: 25%
- Nenhum: 0%
- Falta de água e esgoto: 0%

Questionados sobre o que mais gostam no bairro (pergunta de número 11), obteve-se o seguinte cenário:

Tabela 3 – O que os moradores mais gostam no bairro

Tranquilidade	55%
Vizinhança	15%
Naureza (vegetação, vista)	10%
Esporte	5%
Não conseguiu espificar	8%
Outros	7 %

A Tabela 3 apresenta um paradoxo, pois ao passo que um dos problemas que mais afetam a vida dos moradores é a questão atinente à violência, por outro lado surge, de forma acentuada, a tranquilidade como aquela que os moradores mais gostam na comunidade. Cabe ressaltar que nos dias de entrevistas na comunidade, embora a presença da Polícia Militar fosse evidente, não constatei nenhuma instabilidade que pudesse alterar a rotina do bairro. Mesmo que os policiais estivessem em ação no bairro, os civis permaneciam rotineiramente com seus afazeres, "subindo e descendo suas escadas com compras de supermercados".

De acordo com os dados recolhidos, através da (pergunta de número 5 e 6), a maioria das pessoas entrevistadas tem uma renda mensal de até R$ 1.500,00 reais (Gráfico 1). No caso dos agentes de saúde entrevistados, eles perfazem de 1.500,00 à R$ 2.000,00 por mês e todos moram na comunidade há mais de 10 anos. Na comunidae 70 %, reside há mais de 10 e os demais 30% há menos de 10. Esse dado é importante pois ele se remeteria a questão da memória, pois, dentre as inquietações apresentadas nos objetivos da pesquisa existe *a percepção do risco* pela lembrança de eventos na comunidade. Entretanto, já antecipando os resultados relativo a pergunta de número 14, apenas 10% dos respondentes da comunidade, apenas os agentes comunitários, diz terem sido afetado por desastre. Ocorre que, entre esses agentes um deles respondeu que conhece alguém que foi afetado, já o outro diz que foi afetado por desastre, pois perdeu parentes na ocasião e remeteu com detalhes a respeito do ocorrido na decáda de 80. Inclusive corroborando com o Diagnóstico Socioeconômico do Alto Tabuazeiro que diz muitos familiares de vítimas foram para o município da Serra no bairro de Feu Rosa.

Quanto a pergunta de número 7, consistindo no questionamento a respeito da principal fonte de renda dos moradores da comunidade os respondentes em 50% possuem como fonte principal de renda a atividade autônoma, 15% exercem serviços domésticos e 10% estariam desempregados ou recebendo seguro desemprego e os outros 25% são assalariados ou aposentado. Esclare-se por oportuno que as atividades que me foram informadas são de eletricista, pedreiro, carpinteiro, dono de bar, artesão, doméstica, diarista e faxineira. Apesar deste dado ser colhido em 2014/2015, não destoa muito do Diagnóstico Socioeconômico da Comunidade de 2009, quando observado que naquela época 40,9% exerciam alguma atividade remunerada.

No que se refere a pergunta de número 8, obtivemos os resutados dos respondentes de que 80% estão em casa própria, 20% exercem o domínio por meio da posse, sendo que os lares possuem energia elétrica, água encanada, gás de cozinha e rede de esgoto. Ressalta-se que não foi objeto de pergunta se a energia e água ali utilizadas são de origem clandestina. Entretanto, no Diagnóstico Socieoeconômico de 2009, uma média de 60% destes bens eram clandestinos.

Concernente aos problemas que mais afetam sua vida e de sua família (Gráfico 2, pergunta 9) destaca-se com 30% a violência seguido de 25% problemas financeiros. Apenas um entre os respondentes não quis declarar o que mais lhe afetava.

A falta de uma área de lazer é evidente e o baixo reconhecimento de vizinhança como tem preferência para os respondentes pode apontar para, pelo menos uma direção: os laços comunitários frágeis que podem comprometer a capacidade de resposta da comunidade no caso de um evento.

A pergunta de (número 10) buscava dos respondentes quais as doenças são atualmente mais comuns na comunidade, obtendo-se o resultado de que a dengue prepondera, ainda que tenham sido citadas pontualmente algumas doenças tais como: hepatite e infecções na pele e nos olhos.

A pergunta de (número 12), segue na mesma linha de raciocínio da 9. Entretanto, algumas alternativas utilizadas para respostas são diferentes, como no resultado a seguir: 40% violência; 10% falta de transporte; 10% dengue; 9% falta de escola; 9% falta de médicos; 5% localização; 2% falta de acesso; 5% deslizamento; 5% limpeza do bairro e 5% vizinhos. O que fica evidente mais uma vez é o fato de que a violência segue com o percentual maior, e, o deslizamento encontra-se entre os últimos problemas que incomodam os moradores no bairro.

Estes foram os resultados das perguntas iniciais do questionário elaborado para a pesquisa, parte esta que procurou fazer um breve desenho socioeconômico da comunidade buscando esclarecer sobre os problemas que estão mais latentes, pelo menos, na visão dos respondentes. Em outras palavras, os dados recolhidos a partir de constatação obtida através dos moradores e agentes comunitários revelam a vulnerabilidade da comunidade, tema que justifica a intervenção do ator governamental no território de modo a procurar a construção de uma ideia de educação ambiental e cidadania.

CAPÍTULO III

EDUCAÇÃO E CIDADANIA AMBIENTAL – RECONSTRUINDO VALORES ATRAVÉS DO PROJETO TERRA MAIS IGUAL?

Até o momento, a construção deste trabalho teve por objetivo desenhar o quadro de vulnerabilidade socioambiental, problema notório na sociedade contemporânea. Todavia, ao nosso entender, não cabe, apenas, ressaltar estes problemas, é preciso apresentar possíveis alternativas para as novas gerações. Nesta direção, este último capítulo trata de conceitos básicos que dialogam com os demais tópicos anteriormente abordados e com os resultados do questionário. Logo, torna-se imprescindível começar pelo estudo da educação ambiental, buscando delinear como os autores, no país, a entendem e as suas perspectivas a respeito do tema, para posteriormente apresentar a nossa visão pela perspectiva do Projeto Terra Mais Igual. Nessa linha de raciocínio, inicia-se, esta primeira análise, tratando da questão ambiental através de um panorama geral para, posteriormente, dar foco na educação ambiental, tendo em vista que é, a partir deste conceito, que poderá ser construída a ideia sobre Cidadania Ambiental e seu relacionamento com as diretrizes do Projeto Terra Mais Iguais, a ser desenvolvida nos tópicos a seguir. Antes de adentrarmos na discussão sobre tais temas, cabe então fazer uma breve contextualização da crise ecológica na Contemporaneidade.

3.1 Contextualizando a preocupação com o meio ambiente e crise ecológica

Em um cenário mundial, a preocupação com o respeito à Natureza e à qualidade ambiental[112], tal como apresentada na introdução vem crescendo na sociedade, sobretudo quando os problemas ambientais se tornam categóricos

---

112   A compreensão de qualidade ambiental aqui estudada tem por base o conceito de que a natureza, nas proposições trazidas pela Ecopedagia, é um todo dinâmico, relacional, *harmônico* e auto organizado, no qual há interação com a sociedade, conceito desenvolvido por James Lovelock (1987) e descrito por Maria Rita Avanzi no livro Identidades da Educação Ambiental Brasileira. Logo, o que se extrai deste contexto é que a referida qualidade deve estar pautada no estabelecimento de condições mínimas de preservação e conservação do ambiente (incluindo-se o ser humano).

e demandam uma solução, reforçando, assim, o seu caráter social. Nesse contexto, pode-se trazer, como exemplo, a escassez da água que ocorre no estado de São Paulo desde meados de 2013/2014 e também em outros estados, tal como o Estado do Espírito Santo, que no início de 2015 enfrentou uma de suas maiores crises, demonstrando, sobretudo, ser este um problema que afeta não somente o estado de São Paulo e ES, mas o planeta em geral[113], bem como no que se refere a este último, os desastres ocasionados pelas chuvas que assolaram o estado do no ano de 2013. Surge ainda dentro deste mesmo contexto de crise ecológica a averiguação de Loureiro, oportunidade em que observa que:

> entre os anos de 1970 e 2000, 35% da biodiversidade entrou em extinção e um terço da população continua a viver na miséria. Desde 1980, os confortos materiais advindos do modo de produção capitalista padrão de consumo concentrado em menos de 20% da população total gerou uma demanda de recursos naturais em 25% acima da capacidade de suporte do planeta![114]

Nota-se que o estudo acima, dos anos 2000, demonstra a preocupação com o modo de utilização de recursos naturais, como forma de acúmulo de riqueza e consumo de forma exacerbada. Outro dado importante observado por Sader apud Loureiro

> é o fato de que das quinhentas maiores empresas multinacionais, 92,5% encontram-se nos EUA, Europa, Canadá e Austrália, cabendo ao Brasil quatro destas (menos de 1%)- sendo que três das quatro listadas são instituições bancárias (Banco do Brasil, Bradesco e Itaú) e uma é do setor energético (Petrobras).[115]

Tomando por base a citação acima, evidencia-se que o autor chama a atenção para o fato de que a forma em que a riqueza, exemplificada através das empresas e a utilização dos recursos naturais foram sendo consumidos, corresponde a um modo de vida que "desde um contexto europeu da reorganização das lutas sociais do século XX não se alterou".[116] Logo, o entendimento não

---

113 De acordo com o relatório da ONU sobre o desenvolvimento dos recursos hídricos de 2013, a demanda mundial por água vai crescer cerca de 55% até 2050. Enquanto isso, o crescimento demográfico nos próximos 40 anos está estimado em dois a três bilhões de pessoas. Tucci, doutor em Recursos Hídricos pela Colorado State University e professor do Instituto de Pesquisas Hidráulicas da Universidade Federal do Rio Grande do Sul (UFRGS), explica o problema. "Existem dois riscos: o risco de escassez por aumento da demanda (maior quantidade de usuários e demanda) e da escassez de qualidade devido à contaminação da água disponível". site do município de São Paulo.
114 LOUREIRO, **Sustentabilidade e Educação um olhar da ecologia política**, p. 20.
115 Ibid.
116 Ibid.

pode ser outro, senão, considerar que: "só é possível sustentar certo padrão de vida para alguns em detrimento do péssimo padrão de vida para outros e com base no uso abusivo da natureza".[117]

Neste mesmo sentido, de demonstrar dados relevantes sobre as atuais circunstâncias que caminha a humanidade, que:

> em 2009, o estudo da atilioboron, identificou que 1,02 bilhão de pessoas apresentava desnutrição crônica; em 2008, 884 milhões não tinham acesso à água potável e 2,5 bilhões continuavam sem sistema de saneamento; em 2006, 218 milhões de crianças trabalhavam em condições de escravidão. E como forma de findar ressalta ainda o referido estudo que o EUA tornou-se responsável por 30% de todo o consumo mundial, por sua vez a África (um continente inteiro com mais do que o triplo da população norte-americana!) representa apenas 1% do PIB e 5% do consumo mundial e 3% do total de emissões de gases responsáveis pelo aquecimento global, como mais da metade da população vivendo abaixo da linha da pobreza e um processo de degradação difícil de ser revertido.[118]

A literatura mais recente na área ambiental tem apontado para o surgimento de um novo conceito, que é o da nova era geológica do Antropoceno. Segundo essa visão, "o homem alterou o passado, modificou o presente, mas poderá mudar o futuro". Sobre o tema, sintetizando tal ideia, vale transcrever o que Vilches e Pérez compreendem sobre a questão, logo

> "nos encontramos em um nuevo período geológico que se há dado en llamar Antropoceno, porque los grandes cambios que tienen lugar em el planeta son débitos fundamentalmente a La actividad humana. Um período de risego, sin duda, pero que supone también uma oportunidad de construir um futuro sustentable poniendo fin a uma longa prehistoria de conflictos y degradación".[119]

Dessa forma, em compreensão à citação acima, são essas ações que contribuem com toda uma dinâmica de vida capaz de causar *desequilíbrios* nos ecossistemas terrestres levando à crise ambiental por conta da ruptura dos seus ciclos biogeoquímicos. Com base na noção trazida pelo Antropoceno e como Jacobi mostrou em sua citação, o que se colocava e coloca em destaque até os dias atuais é a possibilidade de se repensar outra forma de se relacionar com a natureza diferentemente da que até se estabeleceu como sendo convencional. E a cidade se inclui neste repensar na medida em que

---

117 Ibid.
118 Ibid., p. 21.
119 A VILCHES; PEREZ, D. El Antropoceno como nuevo período geológico y oportunidad de construir um futuro sustenible. **Revista Electrócnica de Enseñanza de las Ciencias**, v. 10, n. 3, 2011, p. 3.

ela revela o modo pelo qual os recursos naturais são utilizados; ou melhor, como o uso do solo urbano é apropriado pelo processo de urbanização em áreas de desenvolvimento tardio como abordado no capítulo I. Ainda como reflexão sobre a referida crise, porém, pelo viés da racionalidade, Leff indica que a preocupação com a temática ambiental se mostra como

> sintoma da crise da razão da civilização moderna, como uma crítica da racionalidade social e do estilo de desenvolvimento dominantes, e como uma proposta de fundamentar um desenvolvimento alternativo. Este questionamento problematiza o conhecimento científico e tecnológico que foi produzido, aplicado e legitimado pela referida racionalidade e se abre novos métodos, capazes de integrar as contribuições de diferentes disciplinas para gerar análises mais abrangentes e integradas de uma realidade global e complexa na qual se articulam processos sociais e naturais de ordens diversas de materialidade e de racionalidade. Por sua vez, aponta para a geração de novos conhecimentos teóricos e práticos para construir uma racionalidade produtiva alternativa.[120]

Ocorre que, ao abordar a questão das mudanças de paradigmas sobre a qual Leff também refletiu, contudo, de uma forma talvez mais inovadora, se considerado o fato de que ocorreu a ruptura das ideias sedimentadas da época (pensando que sua obra "As Três Ecologias" data de 1989), Félix Guattarri, nessa mesma linha de raciocínio, descreve que a crise ecológica posta somente poderá ser enfrentada com base em uma reorientação de valores a partir de diferentes esferas,

> não haverá verdadeira resposta à crise ecológica a não ser em escala planetária e com a condição de que se opere uma autêntica revolução política, social e cultural reorientando os objetivos da produção de bens materiais e imateriais. Uma finalidade do trabalho social regulada de maneira unívoca por uma economia de lucro e por relação de poder só pode, no momento, levar a dramáticos impasses – o que fica manifesto no absurdo das tutelas econômicas que passam sobre o Terceiro Mundo e conduzem algumas de suas regiões a uma pauperização absoluta e irreversível.[121]

Esta visão de Guattari é inovadora porque ele evidencia os valores que estão impregnados na lógica produtivista baseada no lucro e em relações de poder econômico que estão na origem da crise ecológica. Diante desse contexto, pode-se compreender que a visão do autor é a de que, ao deparar-se com a crise ecológica, a sociedade deve se atentar para diversos campos como forma de uma possível transformação, quais sejam, político, social e cultural. Nessa

---

120 LEFF, Enrique. **Epistemologia Ambiental**. São Paulo: Cortez, 2007. p. 138.
121 GUATTARRI, Félix. **As Três Ecologias**, [s.l.: s.n.], 2000. p. 9–10.

visão, é evidente que o homem faz parte de tais questionamentos na medida em que passa a ser uma discussão de valores por ser ele o agente transformador, tal como afirmam Júnior et al. ressaltando as grandes alterações ocorridas, principalmente, pelo que vem ser chamado de ambiente urbano:

> O homem é o grande agente transformador do ambiente natural e vem, pelo menos há doze milênios, promovendo essas adaptações nas mais variadas localizações climáticas, geográficas e topográficas. O ambiente urbano é, portanto, o resultado de aglomerações localizadas em ambientes naturais transformados, e que para sua sobrevivência e desenvolvimento necessitam de recursos do ambiente natural.[122]

Enquanto estratégia capaz de operar a "revolução" a qual Guattari se refere, a educação se integra aos diferentes campos citados por ele. Portanto, a educação passa a ser vista como o elemento chave para alcançar essa mudança de paradigma. No entanto, não são todas as formas de educação que serão capazes de contribuir para uma transformação. Cabe então observar, dentro desse contexto, a ideia de que a educação, segundo Luckesi, possui três tendências: redenção da sociedade, reprodução da sociedade e transformação da sociedade. Mencionar as referidas tendências neste tópico tem por finalidade demonstrar qual educação que se pretende apresentar como importante para o desenvolvimento da educação e da cidadania ambiental. A respeito das tendências mencionadas, Luckesi observa que:

> A tendência redentora propõe uma ação pedagógica otimista, do ponto de vista político, acreditando que a educação tem poderes quase que absolutos sobre a sociedade. A tendência reprodutiva é crítica em relação à compreensão da educação na sociedade, porém pessimista, não vendo qualquer saída para ela, a não ser submeter-se aos seus condicionantes. Por último, a tendência transformadora, que é crítica, recusa-se tanto ao otimismo ilusório, quanto ao pessimismo imobilizador.[123]

Consequentemente, analisando-se as três tendências, é possível compreender que aquela que mais se aproxima da ideia da educação e da cidadania ambiental é uma educação transformadora. Isso se deve pelo fato de que a última tendência possui o viés capaz de contribuir para a mediação de um plano social; isto é, nesse sentido, ela mesma, sozinha, não consegue redimir a sociedade, todavia, somada com outras estratégias, tem essa capacidade.[124]

---

122 JUNIOR, Arlindo Philippi; ROMERO, Marcelo de Andrade; BRUNA, Gilda Collet. **Uma Introdução à Questão Ambiental**. In: CURSO de Gestão Ambiental, São Paulo: Manole, 2004. p. 3.
123 LUCKESI, Cipriano Carlos. **Filosofia da Educação**. São Paulo: Cortez, 1990. p. 51.
124 LUCKESI, **Filosofia da Educação**.

Urge, então, neste processo de modificação do meio ambiente tão intenso tendo como base a Educação Ambiental e, principalmente, quando isto posto pela noção de Antropoceno, a necessidade de se refletir quais os reforços que a Educação Ambiental pode trazer para propiciar transformações na dinâmica da vida tal como está colocada pela Contemporaneidade, tendo em vista que a respeito das referidas contribuições e embutidos aí os seus questionamentos, a proposta é apresentar esses anseios no decorrer do próximo tópico.[125]

3.2 Educação ambiental

Antes mesmo de abordar a questão da educação ambiental, faz-se necessário trazer aspectos gerais do desenvolvimento educacional, para posteriormente explorar a educação para a consciência ambiental, pois o objetivo é descrever, de forma breve, o conceito de educação, e a partir dele observar o que se compreende por educação ambiental.

Presente no mundo desde os tempos mais remotos, a questão da educação sempre instiga ao aprofundamento do seu conceito e compreensão por diferentes atores e pelas diversas áreas de conhecimento. Tanto é que podemos falar de educação ambiental, educação para a cidadania, educação científica, educação de adultos entre outros adjetivos que podem ser postos para qualificar a educação. Assim, cabe iniciar a discussão dessa parte pela busca do conceito de educação, principalmente, num recorte que possa contribuir para o desenvolvimento de uma sociedade mais ecologicamente sustentável. Em outras palavras, uma educação que seja capaz de colaborar ou incentivar a conscientização dos indivíduos tendo como meta a compreensão da crise ecológica e dos valores necessários para se buscar uma sociedade que respeite a Natureza e seus ciclos biogeoquímicos.

Na perspectiva de compreender o conceito, a palavra educação significa "1. processo para o desenvolvimento físico, intelectual e moral de um ser humano 2. Conjunto de métodos empregados nesse processo instrução, ensino".[126] Acrescenta-se ainda a esta ideia a compreensão de Luckesi[127] de que a educação " é um típico 'que-fazer' humano, ou seja, um tipo de atividade que se caracteriza fundamentalmente por uma preocupação, por uma finalidade a ser atingida". Sua base está na concepção de que todos os seres humanos são providos do mesmo potencial, o que ocorre a partir

---

125 SANTOS, Vânia Maria Nunes, Formação de professores para o estudo do ambiente: realidade socioambiental local e cidadania. In: TRISTÃO, Martha; JACOBI, Pedro Roberto (Orgs.). **Educação Ambiental e os movimentos de um campo de pesquisa**. São Paulo: Annablume, 2010.
126 HOUAISS, Antônio. **Dicionário da Língua Portuguesa Houaiss**. 4. ed. Rio de Janeiro: Objetiva, 2012. p. 150.
127 LUCKESI, **Filosofia da Educação**.

do seu nascimento, o qual deve ser estimulado, desenvolvido no percurso da sua vida.[128] Em tal faceta, cabe atentar para o papel do responsável pela educação, uma função que faz parte do cotidiano do educador. Como observou Pelicione[129], o seu papel é o de "estimular e criar condições para que o desenvolvimento [do indivíduo] ocorra, ou seja, criar situações que levem ao desenvolvimento deste potencial, que estimulem as pessoas a crescerem cada vez mais".

Ao atentar para o potencial como uma característica comum aos seres humanos, a autora procura demonstrar que, em que pese existir essa característica, torna-se imprescindível que ocorra uma reflexão com relação ao conteúdo recebido, por parte de cada envolvido no processo educacional. Porém a reflexão deve ser incentivada de acordo com as ações do educador que, por sua vez, poderão ser incorporadas pelo educando. Transpondo para o objetivo do presente estudo, poderia se pensar que o indivíduo, no seio da sociedade em que está inserido, possui as potencialidades no campo da transformação, ocupando um espaço no processo de alteração das bases de uso e de consumo de recursos naturais. Entretanto, para que esse potencial seja desenvolvido, faz-se necessário que outros agentes mediadores no processo exerçam o seu papel.

Sendo assim, o processo educativo é contínuo e depende de diversos fatores, tais como o engajamento e pré-disposição em contribuir, e neste caso, não somente de uma parte, mas sim de todos os atores envolvidos, uma vez que o resultado final deve ser visto como fruto de uma contribuição coletiva. Logo, acompanhando a ideia da autora de que o indivíduo faz parte do contexto das mudanças, entende-se que o papel do educador nesse campo possui seu ponto de importância a partir do momento em que possibilita uma transformação no contexto de cada indivíduo, pois a educação depende do amadurecimento do ser humano, ruptura de bases e construção de novos anseios, de novos horizontes, de novos estilos de pensamento e sentimento.

O que deve ainda estar esclarecido, nesse aspecto, é o fato de o educador estar situado como um intermediário/mediador entre o conhecimento proposto a ser ensinado e/ou aprendido e a possibilidade de reflexão sobre e/ou alteração do modo de vida do ser humano, sujeito da educação. Desse modo, seria o educar capaz não de alterar bases, muitas vezes resistentes, pelas inflexibilidades às mudanças e alterações, mas, sim, de proporcionar ocasiões ou subsidiar com conhecimentos que façam o sujeito do processo de

---

128 PELICIONI, Maria Cecilia Focesi, Fundamentos da Educação Ambiental. In: PHILIPI JÚNIOR, Arlindo; ROMÉRO, Marcelo de Andrade; BRUNA, Gilda Collet (Orgs.). **Curso de Gestão Ambiental**. São Paulo: Manole, 2004.
129 Ibid., p. 459.

ensino-aprendizagem refletir sobre a sua condição e decidir, por si próprio, que caminho escolher. A inflexibilidade se mostra presente, sobretudo, pelo fato de que estamos acostumados a uma "zona de conforto" e, assim, qualquer proposta que seja mostrada como diferente daquilo que se tem vivido, pode soar como estranha.

Quando se começa a compreender que a educação é capaz de possibilitar mudanças, entende-se que existe uma forma e um método a ser colocado em prática, com a perspectiva de obter "eficácia" na tarefa. Em geral, percebe-se que o desenvolvimento da educação é mais presente nos primeiros anos de vida. O que não exclui a possibilidade de se desenvolver seres em um estágio adulto. É, justamente, isso que a autora coloca quando aborda a ideia de educação continuada, como na citação abaixo:

> Esse desenvolvimento é contínuo, no entanto, ele é mais intenso na infância. Isso não significa que os adultos não possam se educar nas diferentes fases da vida, pois a curiosidade leva o ser humano a conhecer sempre. Todas as pessoas têm capacidade de incorporar novas ideias e agir em função daquilo em que acreditam durante a vida toda.[130]

Essa perspectiva de que o adulto é sensível ao novo, ao "conhecer sempre" tem relação com a presente pesquisa, é o fato de que quando se fala a respeito de educação ou educação ambiental, em um viés mais aprofundado, observa-se que existem diferentes projetos de educação, cada um com seu foco em faixas etárias, sendo que de acordo com a Política Nacional de Educação Ambiental, Lei 9.795, regulamentada em 2002, são estabelecidos os métodos, para então se chegar ao objetivo de inserir o conhecimento. Sendo assim, é fato que a possibilidade de se implantar projetos educacionais não encontra limites na idade do sujeito, mas o que vai definir a sua concretização e o seu possível sucesso é forma pela qual eles serão implantados e a capacidade do indivíduo de ser curioso, como fala a autora.

O que se observa através da percepção de que a educação pode se mostrar como uma solução de determinados problemas da humanidade, é justamente adequando a ideia de que a humanidade deparou-se como um momento de exame, cujo objetivo é tentar achar novos rumos e refletir sobre seu modo de vida, crenças, valores e conhecimentos em que se baseia a vivência no cotidiano, assim com relação ao paradigma antropológico-social, que norteia as ações, sendo que a educação possuiu um admirável valor de destaque.

Neste processo em que a educação é desenvolvida, é preciso reconhecer ainda que não é o fato de colocar um plano e executá-lo que fará com que a

---

130 Ibid.

ela seja eficaz. Na visão de Paulo Freire, "ninguém educa ninguém, ninguém conscientiza ninguém, ninguém se educa sozinho".[131] Paira, então, uma dúvida, tendo por finalidade demonstrar como vai ser executado e concretizado este processo educativo? É preciso que a educação seja alcançada por uma adesão voluntária, estar sujeito a quem a incorpora e não a quem a propõe.[132] Ou seja, o papel do educador como intermediário ou mediador é fundamental na medida em que "ninguém se educa sozinho", porém a conscientização é algo que depende do ser humano em processo de educação.

Ao tratar do tema, observa-se que Paulo Freire acaba por nos trazer, de forma clara, que a educação só é capaz de demonstrar o seu potencial quando, conjuntamente, educador e educando estiverem comprometidos no processo. Assim, não basta expor o assunto. Antes é preciso que aquele a quem o conhecimento esteja sendo dirigido mostre interesse ou curiosidade pela matéria. É nesse sentido que direciona Pelicioni[133], para então fazer o processo de reflexão e incorporar o referido conhecimento. O que evidencia que a participação do indivíduo, o educando, possui uma importância peculiar.

Por sua vez, como já descrito anteriormente e não seria demais reforçar a perspectiva de Luckesi[134] sobre a apropriação do conhecimento, pois, no seu entendimento há duas formas de se apropriar da realidade pelo conhecimento: uma, através da investigação direta da realidade; e outra, através da exposição dos conhecimentos já produzidos e demonstrados por seus autores. Melhor explicando essas duas formas, a primeira decorre do fato de que se faz necessário o empenho que o sujeito de conhecimento propõe com o intuito de obter uma compreensão da realidade. Já no que se refere à segunda forma, o seu desenvolvimento vai decorrer a partir do conhecimento registrado por algum investigador, quer seja por meio da fala ou através da forma falada, sendo que a partir de então o conhecimento é apropriado.

Nesse processo de desenvolvimento de educação, entre os vários documentos de referência internacional, cabe destacar o Relatório para a Unesco de 1996 da Comissão Internacional sobre Educação para o século XXI, escrito por J. Delors, com a contribuição de outros especialistas[135], que dentre outros objetivos procura traçar diretrizes para a educação deste novo milênio. Nessa concepção

---

131 FREIRE, Paulo. **Pedagogia ao oprimido**. 30. ed. Rio de Janeiro: Paz e Terrra, 2001.
132 PELICIONI. **Fundamentos da Educação Ambiental**, p. 459.
133 PELICIONI. **Fundamentos da Educação Ambiental**.
134 LUCKESI, **Filosofia da Educação**.
135 DELORS, J. **Educação**: um tesouro a descobrir. Relatório para a Unesco da Comissão Internacional sobre Educação para o século XXI. Brasília: Cortêz, 1999.

A educação aparece como indispensável à humanidade na construção dos ideais da paz, da liberdade, da justiça social e de um meio ambiente mais saudável como, também, para o desenvolvimento contínuo tanto das pessoas como das sociedades para o século XXI em diante.[136]

No referido documento é possível compreender que "o progresso econômico e social acabou desiludindo todos os que nele confiavam, isso se levando em consideração as desigualdades de desenvolvimento e a degradação ambiental de diferentes países".[137] Os autores do referido relatório colocam, ainda, uma ênfase na importância de integrar o meio ambiente na educação tanto para as crianças quanto para os adultos .

Outra questão ainda surge nos comentários do autor, e a esta devemos nos aprofundar um pouco mais, pois se relaciona a um dos objetos de estudo desta pesquisa, a relação entre degradação ambiental e desenvolvimento, colocada por J. Delors[138] como sendo uma forma de desilusão no processo de progresso econômico e social.

Há muitos anos, a busca por uma dissociação entre o desenvolvimento e a degradação ambiental vem sendo almejada, "a escassez- ou, vendo-se por outro ângulo, a riqueza – constitui a razão fundamental para se estudar a economia".[139] Nesse sentido, os anseios humanos são ilimitados, mas os recursos disponíveis para sanar as suas necessidades são limitados. A noção de desenvolvimento, na maioria dos ideais da Modernidade, está associada à destruição da natureza a cidade, o urbano não se exclui, o uso de ocupação do solo na Modernidade não respeita as características locais. Primeiro é preciso reconhecer que, na sociedade moderna, estabeleceu-se uma dinâmica de vida capaz de alterar profundamente as bases físicas do processo de produção de mercadorias colocados em prática por um desenvolvimento que se apresenta como sendo injusto socialmente e insustentável ecologicamente.[140]

Diante do quadro de escassez de recursos naturais bem como a constatação de que o homem acaba por comprometer o meio ambiente em suas ações, a exemplo das habitações em áreas de risco nas metrópoles de países de desenvolvimento tardio, o debate foi se tornando cada dia mais intenso, proporcionando assim vários empenhos no sentido de se educar ambientalmente os cidadãos do planeta. Desse empenho é possível compreender que, a

---

136 PELICIONI. **Fundamentos da Educação Ambiental**, p. 460.
137 *Ibid.*
138 DELORS, **Educação**: um tesouro a descobrir. Relatório para a Unesco da Comissão Internacional sobre Educação para o século XXI.
139 CALDERONI, Sabetai. Economia Ambiental. In: PHILIPI JÚNIOR, Arlindo; ROMÉRO, Marcelo de Andrade; BRUNA, Gilda Collet (Orgs.). **Curso de Gestão Ambiental**. São Paulo: Manole, 2004. p. 572.
140 CALDERONI, Economia Ambiental.

partir das décadas de 60/70, do século XX, vários foram os esforços no sentido de possibilitar uma melhor compreensão da educação ambiental. Aqui cabe destacar que esse discurso ambiental nasce justamente da problemática apresentada acima, pois é somente diante dessas inquietudes, que aflora o debate ambiental, e, por via de consequência ao abordar o tema, Leff compreendeu bem como se desenvolve este discurso, pois

> vai se conformando a partir de uma posição crítica da razão instrumental e da lógica do mercado, que emerge da natureza externalizada e do social marginalizado pela racionalidade econômica. Os pontos cegos e os impensáveis dessa razão modernizante- o ambiente excluído, oprimido, degradado e desintegrado – não se preenchem ecologicazando a economia, mas transformando seus paradigmas de conhecimento para construir uma nova racionalidade social. Sob esta perspectiva, o ambiente transforma as ciências e gera um processo de ambientalização interdisciplinar do saber.[141]

Então, em comprometimento a esse saber ambiental que deve ser gerado constantemente, que mostra-se importante entender como o debate, conhecimento e legislações passam a ser gerados no seio da sociedade. Assim que

> no ano de 1972, em Estocolmo, capital da Suécia, pela primeira vez, as discussões pertinentes sobre as relações homem- desenvolvimento-educação-ambiente foi apresentado de forma organizada e abrangente, justificando então uma preocupação já observada.[142]

Pela pauta apresentada e também por todos os posicionamentos ali mostrados no sentido de minimizar as tensões entre o homem e a natureza, reconhece-se que Estocolmo foi um dos principiais encontros que tiveram na pauta, pela primeira vez, a educação ambiental. Nesse encontro

> A Organização das Nações Unidas (ONU) promoveu a "Conferência das Nações Unidas sobre o Meio Ambiente", oportunidade em que se chamou atenção para as inúmeras transformações no ambiente provocadas pelo homem como conseqüência do rápido desenvolvimento da ciência a da tecnologia. No seu término recomendou-se a criação do "Programa Internacional de Educação Ambiental' (PIEA), reconhecendo a importância do seu desenvolvimento para o combate à crise ambiental do mundo.[143]

Pode-se então dizer que Estocolmo foi um marco, demonstrando então uma linha divisória, pois possibilitou uma mudança que alcançou os dias atuais

---

141   LEFF, Enrique. **Saber ambiental**. Rio de Janeiro: Vozes, 2001. p. 146.
142   RIBEIRO', Marizélia Rodrigues Costa; RAMOS", Fernando Antônio Guimarães. Educação Ambiental no Cotidiano Escolar: estudo de caso etnográfico. **Caderno de Pesquisa**, v. 10, p. 39, 1999.
143   Ibid.

neste século XXI. O esforço da Conferência de Estocolmo foi no sentido de estimular o debate e conscientização de temática ambiental, compreendida nas mais diversas áreas, trazendo[144] para o centro do debate a discussão do modelo de desenvolvimento dominante no planeta.

Após alguns anos, ocorreu a "Primeira Conferência Intergovernamental sobre Educação Ambiental" ou a Conferência de Tbilisi, como ficou mais conhecida, realizada no ano de 1977 na Geórgia, ex-União Soviética".[145] De forma a não deixar que todas as decisões e avanços ocorridos a partir desta Conferência viessem a se perder,

> no ano de 1987, especialistas de aproximadamente cem países, reuniram-se em Moscou, para a realização do Congresso Internacional de Educação e Formação Ambientais. O Congresso teve por objetivo revisar os progressos e as dificuldades alcançadas no campo da Educação Ambiental a partir da Conferência de Tbilisi.[146]

Diante das transformações na forma de pensamento, proporcionada a partir da Conferência de Estocolmo e Tibilisi, surgiram então outros encontros que buscavam sempre trazer para o debate a questão ambiental, foi assim que

> Passados vinte anos após a Conferência de Estocolmo, houve a continuidade das negociações que já haviam sido iniciadas anteriormente em torno do conceito de desenvolvimento sustentável. Com o objetivo de transformar algumas propostas em instrumentos de ação, foi realizado no Rio de Janeiro, no ano de 1992, a Conferência das Nações Unidas sobre Meio Ambiente e Desenvolvimento (CNUMAD).[147]

Pois bem, como fruto desse fórum mundial, vários documentos foram firmados, a saber: a Convenção sobre Mudanças Climáticas, a Convenção da Diversidade Biológica, a Declaração do Rio para Meio Ambiente e Desenvolvimento, a Declaração de Princípios para Florestas e a Agenda 21.[148]

Nesse sentido, como principal registro da Rio 92, compreende-se de acordo com kohler[149], que a Agenda 21, apresentou o compromisso assumido

---

144   KOHLER, Maria Claudia Mibielli; JUNIOR, Arlindo Philippi. **Agenda 21 como Instrumento para a gestão ambiental**. In: EDUCAÇÃO Ambiental e Sustentabilidade. São Paulo: Manole, 2005. p. 21.
145   CARNEIRO, Alexandre de Freitas et al. Educação Ambiental e o Poder Público Municipal de Vilhena, Rondônia Environmental Education and Municipal Government of Vilhena, Rondonia. **REMEA – Revista Eletrônica do Mestrado de Educação Ambiental**, v. 30, n. 2, p. 152–168, 2014, p. 156.
146   CARNEIRO, et al. Educação Ambiental e o Poder Público Municipal de Vilhena, Rondônia Environmental Education and Municipal Government of Vilhena, Rondonia.
147   KOHLER; JUNIOR. **Agenda 21 como Instrumento para a gestão ambiental**, p. 714.
148   Ibid., p. 715.
149   KOHLER; JUNIOR. **Agenda 21 como Instrumento para a gestão ambiental**.

pelos 179 países participantes da conferência, contendo mais de 2,5 mil recomendações de ordem prática.

Além dos desdobramentos de âmbito Internacional, a agenda 21 teve diversos desdobramentos no Brasil,

> Foi a partir do Decreto n. 1.160, de 21 de junho de 1994, que o governo brasileiro iniciou o compromisso assumido de executar a Agenda 21 Global. Porém, a sua implementação só ocorreu em fevereiro de 1997 com a criação da Comissão Internacional de Desenvolvimento Sustentável (CIDES), ligada ao Ministério do Meio Ambiente, cuja finalidade principal era assessorar o presidente da República na tomada de decisões sobre as estratégias e políticas necessárias ao desenvolvimento sustentável, de acordo com a Agenda 21 (Ministério do Meio Ambiente 2002b).[150]

Assim, todo o intuito de demonstrar o caminho seguido pelo pensamento ambiental, teve por escopo chegar aqui e sintetizar qual é a compreensão e os contornos que tornou-se possível fazer para a Educação Ambiental brasileira. Diante disto, a construção da Agenda 21 Local, proposição feita durante a Conferência das Nações Unidas sobre Meio Ambiente e Desenvolvimento em 1992, precisa ser arquitetada nos municípios conforme suas realidades e com a conhecimento/participação do cidadão. Decerto,

> [...] a EA deve auxiliar-nos em uma compreensão do ambiente como um conjunto de práticas sociais permeadas por contradições, problemas e conflitos que tecem a intrincada rede de relações entre os modos de vida humanos e suas formas peculiares de interagir com os elementos físico-naturais de seu entorno, de significá-los e manejá-los. Esses laços de convivência entre os seres humanos e sua base natural de existência estamos chamando de relações sociedade-natureza, e a desarmonia que aí se instaura de conflitos socioambientais.[151]

Dessa forma, com a visão de estabelecer esse processo de participação do cidadão, que a Política Nacional de Educação Ambiental Brasileira foi instituída pela lei 9.795, de 27 de abril de 1999. É possível compreender que dentre as suas diversas preocupações, ela estabelece o comprometimento do poder público de promover a educação ambiental em todos os níveis de ensino, assim como conscientização pública para a preservação do meio ambiente, corroborando justamente com o que foi descrito no início do capítulo de que todos os níveis de educação devem ter um projeto voltado para a educação ambiental.

---

150 Ibid., p. 726.
151 CARVALHO, Isabel Cristina de Moura. **Educação Ambiental**: a formação do sujeito ecológico. 3. ed. São Paulo: Cortez, 2008.

Consequentemente, a legislação ambiental de um modo geral entende pelo "imperativo" de participação da coletividade para a defesa e melhoria da qualidade ambiental. Nessa visão, que na forma em que foi construída, sintetizou de maneira clara o seu conceito, bem como a essa necessidade de que o Poder Público deve estar voltado para essa conscientização, o que ficou caracterizado por meio da responsabilidade. Diante disso, os artigos 1º e 16 chamam a atenção respectivamente ao que vem a ser Educação Ambiental bem como a responsabilidade do Poder Público. Com o escopo de estabelecer o referido conceito que o artigo 1º desta lei define Educação Ambiental como sendo:

> [...] os processos por meio dos quais o indivíduo e a coletividade constroem valores sociais, conhecimentos, habilidades, atitudes e competências voltadas para a conservação do meio ambiente, bem do uso comum do povo, essencial a sadia qualidade de vida e da sustentabilidade.[152]

Do conceito exposto, várias premissas podem ser destacadas, tais como a construção de valores de forma coletiva. No caso, o empenho deve ser sempre através da adesão de todos os cidadãos, pois se unem por um laço em comum que é melhorar a qualidade de vida e demonstrar por suas práticas e ações a responsabilidade recíproca.

Por sua vez, o 16º tem a seguinte redação:

> Os Estados, o Distrito Federal e os Municípios, na esfera de sua competência e nas áreas de sua jurisdição, definirão diretrizes, normas e critérios para a educação ambiental, respeitados os princípios e objetivos da Política nacional de Educação Ambiental.[153]

Diante então da diretriz do art. 16 o que deve estar claro é o fato de que o pensamento que permeou ou delineou o desenvolvimento da norma foi o de conferir responsabilidades a todos os entes da federação como forma de atribuir participação a todos no processo de constituição deste projeto de construção de "sociedade ambientalmente saudável".

No entanto, tendo em vista que essa pesquisa tem por objetivo analisar o projeto Terra Mais Igual, pelo seus viés educacional, executado em âmbito municipal, volta-se a atenção para as diretrizes estabelecidas para cumprimento pelos municípios. Sobre os Municípios e a Política Nacional de Educação Ambiental, ressalta ainda Franco apud Carneiro, que a norma

---

152 Brasil. **Lei nº. 9.795/99**. Dispõe sobre a educação ambiental, institui a política nacional de educação ambiental. Brasília: Câmara dos Deputados, 1999.
153 Ibid.

> Dedica igualmente atenção à informação a respeito do meio ambiente, trazendo atribuições diretas ao Município, que em seu art. 5°, II, define como objetivo fundamental da educação ambiental a garantia de democratização das informações ambientais, e atribui a municipalidades em seu art. 13, parágrafo único, o dever de promover a difusão, por intermédio dos meios de comunicação de massa, informações acerca de temas relacionados ao meio ambiente [...].[154]

Logo se conclui que a responsabilidade do município não se restringe em ter uma política pública de educação ambiental, mas, utilizar os mecanismos necessários para colocar em prática a dita política. Em assim considerando,

> o poder público municipal tem grande responsabilidade com a questão ambiental, devendo divulgar informações e facilitar o acesso por parte do cidadão, deve ainda promover a educação ambiental não só nas escolas públicas municipais, mas em todo o território municipal, visando à proteção do patrimonial ambiental.[155]

Dessa maneira, com base na citação acima, por mais que seja um imperativo para que o município venha cumprir, é possível entender referidos ditames como sendo desafios colocados para que sejam realmente praticadas as ações acima. Em específico ao município de Vitória/ES, interessa esclarecer a existência de projeto de Lei no sentido de que o município fique adequado as diretrizes de âmbito federal e estadual. Observa-se que o seu esforço do projeto foi no sentido de demonstrar a possibilidade de transformação que a educação ambiental pode proporcionar, quando a sua gestão ocorre de forma responsável e séria.

Dessa maneira, como forma de amenizar essas tensões geradas pela desigualdade e a falta de acesso às informações necessárias que contribuem para a formação do cidadão, a educação deve possibilitar na visão de Pelicione, "o acesso a diferentes dados, permitindo recolher, selecionar, ordenar, gerir e utilizá-los bem como atualizar os conhecimentos sempre necessários".[156] Prontamente, a partir da construção de tal entendimento, no sentido de que todos os entes devem estar engajados no aspecto da mudança de comportamento, idealizado pelo viés da educação, é preciso, mais do que estabelecer ideias, fazer com que esses ditames estabelecidos por Códigos estejam na prática sendo realizados.

---

154 CARNEIRO et al. **Educação Ambiental e o Poder Público Municipal de Vilhena**. Rondônia Environmental Education and Municipal Government of Vilhena, Rondonia.
155 Ibid., p. 157.
156 PELICIONI. **Fundamentos da Educação Ambiental**, p. 459.

Destarte, existem desafios a serem alcançados para que a referida Educação Ambiental transformadora seja realmente alcançada. Urge então dizer que com base nesta premissa, de possibilitar mudanças, na perspectiva educacional, capaz de fazer surgir uma nova forma de pensar a sociedade, um novo modo de vida para a coletividade, voltando-se os olhos para um consumo consciente e não mais apenas considerando o homem como "apropriador" dos recursos naturais, mas gestor, que Morin, estabeleceu sete saberes necessários à educação do futuro, o que pedimos vênia para mencionarmos,

> 1. Ensinar o conhecimento do conhecimento para preparar para o enfrentamento dos riscos de erro e ilusão que parasitam a mente humana, a fim de garantir lucidez, identificar dispositivos, enfermidades, dificuldades, enfim, conhecer a natureza do conhecimento, suas características cerebrais, mentais e culturais.
> 2. Ensinar os princípios do conhecimento pertinente, isto é, promover o conhecimento capaz de apreender problemas globais e fundamentais para neles inserir os conhecimentos locais em sua complexidade, em seu conjunto sem fragmentação. Ensinar métodos que permitam estabelecer relações mútuas e as influências recíprocas entre as partes e o todo.
> 3. Ensinar a condição humana- considerando que a natureza humana é ao mesmo tempo física, biológica, psíquica, cultural, social e histórica. É impossível, pois, conseguir fazer isso por meio de disciplinas separadas.
> 4. Ensinar que a identidade terrena deve se tornar um dos principais objetos da educação. Ensinar a história da era planetária que se iniciou no século XVI, com a comunicação entre todos os continentes do mundo. Eles se tornaram solidários, mas assim mesmo as opressões e a denominação devastaram a humanidade e não desapareceram até hoje. É preciso indicar a crise planetária que marcou o século XX mostrando o destino comum de todos os seres humanos.
> 5. Ensinar a enfrentar as incertezas que surgiram nas ciências físicas, biológicas e históricas, os imprevistos, o inesperado e modificar seu desenvolvimento com as informações adquiridas, abandonando as concepções deterministas.
> 6. Ensinar a compreensão em todos os níveis educativos e em todas as idades, a partir da reforma das mentalidades enfocando as causas do racismo, da xenofobia, do desprezo como base na educação para a paz, na educação para o futuro.
> 7. Ensinar a ética do gênero humano, formando as mentes com base na consciência de que o ser humano é ao mesmo tempo indivíduo, parte da sociedade e parte da espécie. Essa tripla realidade deve ser desenvolvida junto com as autonomias individuais, e a participação comunitária.[157]

---

157 MORIN, Edgar. **Os sete saberes necessários à Educação do Futuro**. Brasília: Cortêz, 2000.

Por conseguinte, observa-se que a construção desses sete saberes por Morin foi baseado na crise planetária, e nesse sentido, foi preciso que os problemas surgissem como forma de colocar a sociedade em choque para que posteriormente viesse a reflexão do papel do homem dentro desse contexto. Pois bem, analisando os aspectos gerais dos ditames estabelecido por Morin, forçoso é reconhecer que o que está em debate, é fato de demonstrar a humanidade como comunidade planetária, para que então os indivíduos, inseridos neste processo, tenham noção a respeito da "Terra-Pátria", cujo objetivo principal é alcançar a cidadania humana.

Corroborando com a ideia de que é preciso fazer uma reflexão sobre as ações humanas, as quais amplamente foram desenvolvidas no decorrer do trabalho, para entender a Educação Ambiental é preciso que o olhar esteja amplo, pois se observada apenas por um foco não consegue alcançar a amplitude que os autores têm buscado de fortalecer a ideia da interdisciplinaridade, como descrito na citação abaixo:

> Nesse contexto é que defende-se que a EA não pode ser reduzida a uma simples visão ecologista, naturalista ou conservadora sem perder legitimidade social, por uma simples questão ética, e sem perder sua coerência, porque a resolução dos problemas socioambientais se localiza no campo político e social, na superação da pobreza, na desaparição do analfabetismo, na geração de oportunidades, na participação ativa dos cidadãos.A definição de educação aqui adotada deve estar estreitamente ligada à visão construída sobre a realidade em que se vive, já que toda ação é resultado de uma certa compreensão, da interpretação de algo que configure sentido; por isso, é conveniente abordar os principais problemas ambientais com uma interpretação própria do problema, a fim de avançar nessa aventura de construção de sentidos que significa aprender a aprender. A educação ambiental marca uma nova função social da educação, não constitui apenas uma dimensão, nem um eixo transversal, mas é responsável pela transformação da educação como um todo, em busca de uma sociedade sustentável.[158]

Acrescentando ainda as considerações acima, o autor faz uma advertência no sentido de que diversos educadores ambientais perdem o foco da questão ambiental, não encarando as mudanças que ela proporciona, e diante de tal atitude o que fica prejudicado é o saber ambiental. Consequentemente,

> Muitos educadores ambientais se marginalizaram dos movimentos políticos e sociais tentando introduzir a todo custo a educação ambiental na educação formal, sem querer refletir sobre as mudanças da educação como tal. Prova disso é o Pronunciamento Latino-Americano, um movimento

---

158   LUZZI. Educação Ambiental: Pedagogia, Política e Sociedade, p. 399.

livre de educadores de todo o mundo que, no Fórum Mundial de Educação, realizado em Dacar, em abril de 2000, apresentou a necessidade de buscar um sistema educativo que promova meios necessários para que os estudantes encontrem um sentido para existência humana, um sentido comunitário da vida: compartilhar e servir, ser solidários mais que competitivos, saber conviver privilegiando o bem-estar coletivo, respeitar as diferenças contra as tendências de exclusão e o cuidado pelos mais fracos e desprotegidos.399 Cidadãos comprometidos na construção de uma sociedade multicultural e intercultural, pela abertura e valorização das diferentes formas de conhecimento, e pela aproximação à realidade, que transcende a racionalidade instrumental, entendendo-a como uma conquista sobre os próprios egoísmos, e os dos demais, como uma construção da autonomia da pessoa e de seu sentido de responsabilidade. Os educadores ambientais devem integrar-se aos movimentos políticos e sociais que lutam por uma vida melhor para todos, contribuindo humildemente nesse processo de diálogo permanente, tentando gerar as bases de uma educação que se objetive na busca do outro, para a construção de uma pluralidade que fundamente o sentido ético da vida humana, e a presença constante da utopia e da esperança.[159]

Em suma, a educação ambiental pode ser compreendida como uma estratégia de reflexão para a sociedade ou grupo pelo qual é desenvolvida no intuito de restabelecer valores e criar uma nova identidade ao indivíduo, considerando que este só poderá ser formado de forma a demonstrar o amadurecimento ambiental com base em um projeto que o insira como formador de opinião e não apenas como cumpridor de ordens ou regras, mas que, sobretudo, lhe permita fazer parte do problema, o que lhe possibilidade se enxergar como uma das chaves para a solução. É com base nessa premissa de um projeto de educação ambiental transformadora que insere o ponto de desenvolvimento da cidadania, que será abordado posteriormente. Entretanto, antes de ser inserido o referido assunto serão apresentados os resultados relativos ao questionário aplicado na comunidade Alto Tabuazeiro e que se relacionam com o Projeto Terra Mais Igual.

3.3 Contribuindo para a educação ambiental?

Com as considerações gerais e tópicos específicos relacionados à educação ambiental é cogente se remeter à metodologia e aos objetivos do projeto Terra Mais Igual no sentido de fazer a relação desta parte com componente prático da pesquisa.

---

159   Ibid.

O resultado da questão 10 indica que entre as doenças mais comuns na comunidade encontra-se a dengue, com casos pontuais de hepatite e infecções nos olhos. Este resultado em certa medida é um indicativo de que embora a dengue não seja uma responsabilidade apenas do cidadão ela pode ser proliferada a partir da acumulação do lixo e também pela questão da água parada, tal como será abordada no tópico referente à cidadania, ilustrada com as figuras do lixo (11 e 12). Logo, a educação como reorientação de valores tem o papel de ser difundida para que os moradores sejam contribuidores da diminuição dos casos de dengue, ao passo que o agente governamental, tal como o Projeto Terra Mais Igual, tem o papel de através de Políticas Públicas reproduzir esta ideia.

Ao analisar o resultado da pergunta de número 14, que tem a finalidade de descobrir se o respondente já foi afetado ou conhece alguém que tenha sido afetado por desastre/deslizamento, apenas dois entre os agentes comunitários responderam que sim. Tendo sido relatado que eram famílias que habitavam na comunidade, que foram removidas logo após o desastre da década de 80. Surpreendentemente, nenhum outro morador da área respondeu afirmativamente à esta pergunta quando 70% mora na área tem mais de 10 anos. Este último dado remete a uma outra questão importante para este tópico, o lapso temporal da ocorrência de um evento pode contribuir (ou não) para a retomada da memória. Apesar de quanto maior for este distanciamento maior a tendência para o esquecimento, existem formas que contribuem para a lembrança de evento traumático para uma comunidade. É neste sentido que reavaliar as ações do projeto torna-se importante, pois são as ações educativas podem contribuir para o não esquecimento dos eventos na região. Talvez, o deslocamento de diversas famílias para outros lugares da RMGV possa influenciar no fato do desastre da década de 80 não estar presente na comunidade. Outro fator que pode justificar essa ideia do esquecimento é a faixa etária das pessoas da comunidade ou dos entrevistados, pois, como afirma Sartori, "o fato do idoso vivenciar um desastre faz com que ele vivencie, constantemente, as experiências do passado".[160]

Em termos de educação e da cidadania ambiental, cabe registrar o fato de que à pergunta alguns moradores do bairro, segundo o Diagnóstico Socioeconômico do Alto tabuazeiro, de 2009, utilizam o abastecimento de água e o fornecimento de energia de forma clandestina. Isto aponta para o fato de que a educação de maneira geral não tem sido devidamente e nem

---

160 SARTORI, Juliana. Memórias de um Desastre Vivenciado. In: VALÊNCIO, Norma; SIENA, Mariana (Orgs.). **Sociologia dos desastres- construção, interfaces e perspectivas**. São Carlos: RiMa Editora, 2014. p. 230. IV v.

amplamente difundida. Afinal, na Metodologia do Projeto (de 2007) está claramente sendo dito que:

> Uso adequado, a conservação e a manutenção dos equipamentos implantados no processo de urbanização, tais como rede de água e esgoto, torneiras, bacias sanitárias, caixa de inspeção, descargas sanitárias, chuveiros e caixas d'água requer um processo sócio-educativo permanente.

Em outras palavras, o que o Diagnóstico aponta numa direção contrária ao que o Projeto previa. Acrescenta, ainda, que, na mesma Metodologia, afirma-se que: "a sustentabilidade e qualidade dos equipamentos só serão garantidas através da participação e co-responsabilidade da população beneficiada". A questão da participação e da corresponsabilidade deveria ser objeto de um processo educativo em direção da construção de uma cidadania e de uma cidadania ambiental – a serem abordadas posteriormente. Neste caso, o processo educativo tal como apresentado pelo projeto, busca somente *educar* – que educação seria esta?

Com relação às famílias, hoje morando no Residencial Alto Tabuazeiro (10% dos entrevistados), a concepção de educação inserida no projeto ressurge quando essas pessoas não parecem não ter recebido nenhuma instrução para a nova situação em que vão estar inseridas após a remoção, o que vai causar problemas pós-remoção, ou seja, nas áreas onde passam a habitar. Resta, neste caso, então, uma pergunta: qual teria sido o motivo para que estas ações não serem realizadas antecipadamente? Afinal, como visto no decorrer deste trabalho, o processo de formação do ser humano é um processo contínuo e com a ideia, tal como colocada pelo projeto, parte-se do pressuposto de que a partir do momento em que família residirá em outra localidade como no caso no Alto Tabuazeiro, essas famílias estarão educadas para o uso dos recursos naturais, dos bens comuns. Todavia, é preciso ainda esclarecer que por meio das idas a campo neste residencial, os respondentes afirmam que as regras de convivência estão cada dia mais complicadas, pois não são respeitados os limites ou regras da boa vizinhança. A respeito desta nova concepção Pelicione destaca que é preciso: "estimular condições para o desenvolvimento do indivíduo".

Entre os objetivos do Terra Mais Igual conforme abordado em seus aspectos gerais, circunscreve: "Desenvolver ações socioambientais e sanitárias, buscando a promoção de novos valores e hábitos de higiene e convivência coletiva em 100% das Poligonais". Deste modo, primeiramente destaca-se que, dentre as perguntas elaboradas no questionário, encontrava-se uma (número 18) cujo objetivo era buscar sobre o conhecimento, pela comunidade, do projeto e de seu campo de desenvolvimento.

Esta se tratava de uma pergunta aberta onde se perguntava sobre se os moradores conheciam algum projeto que trabalhasse a educação e cidadania ambiental na região. Assim, o gráfico abaixo demonstra que apenas um pequeno percentual (10%) dos respondentes (Gráfico 3) tem conhecimento concernente de ações de educação e cidadania... Por conseguinte, os 90% dos entrevistados não conheciam projeto Terra Mais Igual.

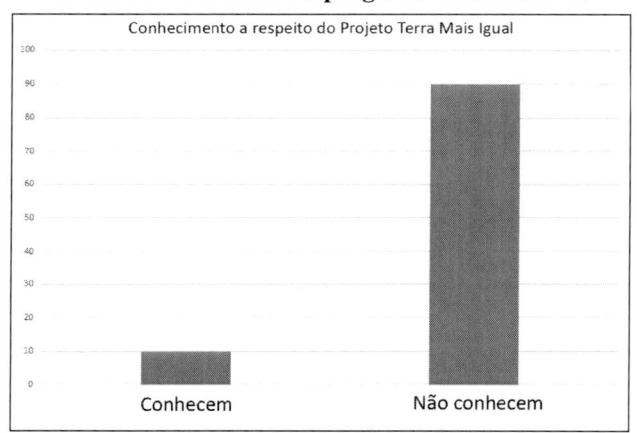

Gráfico 3 – Referente à pergunta de número 18

Conhecimento a respeito do Projeto Terra Mais Igual

| Conhecem | Não conhecem |

Por ter o escopo de desenvolver ações contínuas, um dos pressupostos do projeto é trazer o máximo de informações para a comunidade como meio de fazer a referida integração entre a comunidade e o projeto. Ocorre que, se não existe uma informação difundida relacionada ao projeto ou se a comunidade na qual ele está sendo desenvolvido não possui o conhecimento de suas ações, a sua eficiência e suas ações não estão produzindo o efeito esperado pelos objetivos e metas, tornando-se, mais provavelmente, apenas estabelecidas no plano do discurso. Assim sendo, o projeto perde uma oportunidade de cumprir com um dos papéis que se estabelece para a educação, que, na visão de Leff apud Luzzi, tem o corolário de modificar pensamentos e gerar um "espírito" de inquietação para a sociedade, que por sua vez deve reconhecer as suas necessidades e, então, demonstrar preocupação em gerar mudanças para as gerações vindouras[161], no que

---

161 Busca-se aqui abordar a questão de uma geração que se preocupa com uma próxima, no intuito de caracterizar posteriormente nos demais tópicos o cerne da questão ambiental, cujo o ponto de principal destaque, pelo menos na Constituição Federal de 1988 é de que uma geração deve resguardar os recursos e as espécies animais para a vindoura.

o autor considera como sendo "seu próprio giro coperniacano" como na citação abaixo.

> Desse modo, a educação deve produzir seu próprio giro coperniacano, tentando formar as gerações atuais não somente para aceitar a incerteza e o futuro, mas para gerar um pensamento complexo e aberto às indeterminações, às mudanças, à diversidade, à possibilidade de construir e reconstruir em um processo contínuo de novas leituras e interpretações do já pensado, configurando possibilidades de ação naquilo que ainda há por pensar.[162]

Portanto, vale destacar que a comunidade estaria aberta as mudanças, fazendo com que exista uma reflexão sobre o seu atual estágio e por qual caminho deve trilhar se tiver acesso a conhecimento e informação para tal. Afinal, são destas reflexões que as mudanças surgem, e, em linhas gerais, os pensamentos, muitas vezes transformadores, que podem ser desenvolvidos com base na educação que é proporcionada a cada ser humano.

Pois bem, de acordo com o autor, referenciado acima, o importante é observar que, pelo menos em sua visão, com o passar do tempo, "os adjetivos- Educação Ambiental, Educação para o desenvolvimento sustentável se encaminhe na busca de sentido e significação para a existência humana".[163] Neste sentido, se o objetivo do projeto tem como um dos seus alvos apresentar novos valores, é preciso reavaliar as suas ações na medida em que 90% desconhecem qualquer atuação voltada para a educação e cidadania no território. Assim, o projeto poderia buscar uma nova forma de ação para que as pessoas existente na comunidade tivessem como cooperar no estabelecimento de uma melhor qualidade de vida e ambiental. Ademais, torna-se ainda mais esclarecedora essa questão, quando se observa as imagens abaixo (Figuras 11 e 12) que mostram as condições em que o lixo é acumulado mesmo que não haja coleta regular de lixo no local.

---

162 LUZZI, Daniel, Educação Ambiental: Pedagogia, Políticae Sociedade. In: PELICIONI, Maria Cecilia Focesi; JUNIOR, Arlindo Philippi (Orgs.). **Educação Ambiental e Sustentabilidade**. São Paulo: Manole, 2005. p. 382.
163 Ibid.

Figuras 11 e 12

Fonte: arquivo pessoal, 2014.

Adicionando a esta questão da acumulação do lixo, vale esclarecer que, com base no próprio relato de moradora entrevistada, a coleta de lixo no local é precária. Isto vem representar a concepção de que não obstante exista uma coleta da qual não é possível negar, esta tem, sim, se mostrado insatisfatória para a comunidade. Observa-se que a própria metodologia do projeto justifica que problemas como estes comprometem todo o espaço urbano quando salienta que:

> O problema do lixo acumulado nos espaços coletivos, a produção, a disposição e o armazenamento inadequados do lixo doméstico e de entulhos causam impactos nas condições socioambientais dos processos de urbanização de áreas degradas. Os problemas decorrentes afetam o ambiente físico, causando o aumento de inundações, enchentes, erosão do solo, bem como influindo negativamente nas condições sanitárias e de saúde da população.[164]

Toda essa questão tem uma preocupação maior que se refere a saúde dos moradores dos bairros em que o Projeto Terra Mais Igual está inserido, o que é afirmado na citação abaixo:

---

164 Município de Vitória. **Metodologia Terra – Mais – Igual**. Vitória, 2007, p. 66.

As consequências para a saúde humana provocadas pelo aumento do número de roedores e insetos que têm no lixo acumulado seu habitat natural e os prejuízos ambientais causados pelo lançamentos de lixo a céu aberto em córregos, vielas, ruas e outros espaços coletivos nortearão o primeiro componente deste tema.[165]

Por outro lado, se este dado acima, ou seja, de que o lixo contribui de forma preponderante para a questão da degradação do ambiente, ele será novamente visto pelos respondentes como sendo um dos aspectos contribuintes para a ocorrência de deslizamentos de terra na área (pergunta 16). Este item surge como sendo a segunda opção feita pelos moradores (25%) quando se estabelece dentre as quatro opções: jogar lixo e entulho na encosta, fazer cortes muito inclinados para a construção de casas, lançar água e esgoto no terreno e retirar árvores. Dentre estas opções, a que a que apareceu com maior destaque foi a de fazer cortes muito inclinados para a construção de casas.

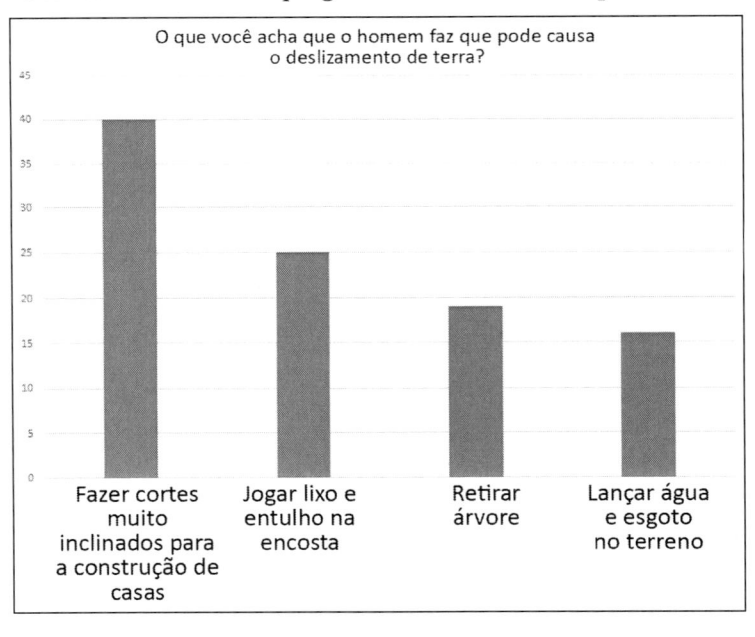

Gráfico 4 – referente a pergunta de número 16 do questionário

O que você acha que o homem faz que pode causa o deslizamento de terra?

Opção	Valor
Fazer cortes muito inclinados para a construção de casas	40
Jogar lixo e entulho na encosta	25
Retirar árvore	19
Lançar água e esgoto no terreno	17

Com base neste dado, não estamos afirmando que o que prepondera como adequado é somente fazer cortes na medida em que cada uma das alternativas contribuem de alguma forma com a ocorrência de desastres.

---
165 Ibidem, p. 66.

Nesta perspectiva, é que se insere a educação ambiental como estratégia de mudança de comportamento e de valores. Sendo assim, em que pese o projeto ter como estratégia para esta pretendida mudança, ele estabelece as seguintes diretrizes com relação a questão do lixo na comunidade: "produção de lixo; tipos de lixo produzidos em ambiente doméstico; acondicionamento e coleta; tratamento e aproveitamento do lixo; medidas práticas de higiene e conservação para prevenção de doenças; impactos socioambientais provocados pelo lixo urbano". Estas diretrizes seriam repassadas a comunidade através da realização de ciclos de palestras que não parecem não ter acontecidos devido ao alto número de respondentes desconhecendo ações em educação e cidadania ambiental. Posso, consequentemente, constatar que estas ações estão mais no campo do discurso do que propriamente na prática. Isso contribui, no mínimo, para desperdício de recursos públicos na medida em que a educação, antecipadamente, diminui o trabalho na gestão das cidades.

3.4 Cidadania para o meio ambiente

A importância de se revisar conceitos culturalmente inseridos em nosso vocabulário é fundamental para o entendimento e a compreensão do atual momento que é vivenciado no país, em específico no que consiste aos avanços e retrocessos porventura ocorridos, com relação ao tema da "cidadania", e, principalmente, do conceito de "cidadania ambiental", foco do presente item.

Em que pese o fato de que a cidadania brasileira deita as suas raízes mesmo a partir de 1822, "do ponto de vista que a única alteração importante que ocorreu neste período foi a abolição da escravidão, em 1888"[166], para a finalidade desta pesquisa, o mais importante é a investigação com o período pós-ditadura ocorrido no Brasil, tendo em vista ser este o objetivo primordial, por ser o processo de retomada da democracia de forma mais participativa.

Após um longo período de embates, vivenciados durante a ditadura no Brasil, ressurge o conceito de democracia no cenário nacional. Para entender essa ideia, é preciso fazer um regresso na história com a finalidade de descrever como foi, historicamente, construída a noção de cidadania. O estudo sobre a evolução dessa noção visa subsidiar a discussão sobre os aspectos inerentes às conquistas e às contribuições que o Estado[167] já possibilitou para

---

166 CARVALHO, Jose Murilo. **Cidadania no Brasil- o longo caminho**. 11. ed. Rio de Janeiro: Civilização Brasileira, 2008.
167 A compreensão de Estado aqui empregada busca demonstrar todas as ações que o mesmo proporcionou para legitimar o cidadão como ente resguardado de direitos mínimos. Portanto o que se estabelece, em primeiro plano, é uma cidadania passiva, compreendida como Pedro Demo aborda.

que fosse criada uma cultura cidadã, perpassando, então, de uma cidadania, em seus aspectos gerais, para que seja inserida a ideia de cidadania ambiental.

Neste ponto, a concepção de Ribeiro[168] sobre cidadania vem contribuir para o debate sobre o tema na medida em que ela lança uma luz sobre como se desenvolveu, no Brasil, o campo de democracia e da cidadania numa perspectiva histórica. Apesar da noção de democracia ter sido importante ainda na Grécia Antiga, o autor vai buscar na relação feudal elementos capazes de auxiliar a construção da sua compreensão de democracia. Sendo assim, ele afirma que "a democracia promoveu a desvinculação do homem das relações de dominação pessoal que marcavam o feudalismo, pois nele o camponês estava atrelado ao proprietário da terra por laços de subordinação pessoal"[169]. Utilizando como base a premissa da dominação pelo senhor feudal, essa "sociedade era caracterizada pela segregação dos homens em estratos sociais hierarquizados (id.)". Nesse sentido, a democracia vai se reafirmando como uma marca da Modernidade que passa a ser construída quando o ser humano está se desvinculando do tipo de dominação típica do período Medieval. No entanto, a relação de dominação vai permanecer sob uma nova égide e uma nova gramática, a da Modernidade.

Assim, diante do rompimento daquelas bases feudais, é na cidade que o homem adquire emancipação material e moral e não mais no campo como no período feudal. Consequentemente, como afirma Funari[170]:

> No sentido moderno, cidadania é um conceito derivado da Revolução Francesa (1789) para designar o conjunto de membros da sociedade que têm direitos e decidem o destino do Estado. Essa cidadania moderna liga-se de múltiplas maneiras aos antigos romanos, tanto pelos termos utilizados como pela própria noção de cidadão.

Desse modo, o contexto social passa a ser associado à emergência do comércio e dos direitos considerados inerentes da condição humana: Direitos à liberdade, à propriedade, à segurança e direito de resistência à opressão.[171] Nessa lógica, em que em um primeiro momento esses direitos eram apenas conferidos, deve-se ainda ressaltar que posteriormente eles serão reivindicados, não mais se tolerando as limitações posteriores, como forma de demonstrar o amadurecimento do cidadão.

---

168   RIBEIRO, Luiz Cesar de Queiroz. **Cidade e Cidadania**: Inclusão Urbana e Justiça Social, 2009.
169   Ibid., p. 45.
170   FUNARI, Pedro Paulo. A cidadania entre os Romanos. In: PINSKY, Jaime; PINSKY, Carla Bassanezi (Orgs.). **História da Cidadania**. 2. ed. São Paulo: Contexto, 2003. p. 49.
171   RIBEIRO. **Cidade e Cidadania**: Inclusão Urbana e Justiça Social.

É com base nesse conjunto de valores que foi se desenvolvendo o conceito de cidadania na Modernidade, quando surgiram confusões conceituais a respeito, pois, na maioria da literatura, a exemplo de Ribeiro, Moraes e Amélia Cohn, as palavras cidade, cidadão e cidadania foram, historicamente, ganhando o mesmo sentido. Nessa perspectiva, em cada momento da história, a cidadania vai ganhando destaques diferentes. A esse respeito, Ribeiro, assim afirma que:

> Na antiguidade Clássica , cidadania tem a ver com a condição de civitas pela qual homens, vivendo em aglomerados urbanos, contraem relações fundadas em direito e deveres mutuamente respeitados. Posteriormente, à condição de civitas somou-se a de polis, ou seja, o direito de os moradores das cidades participarem nos negócios públicos. Já no século XIX, a condição de cidadania é expandida com a inclusão de direitos de proteção do morador da cidade contra o arbítrio do Estado. No final do século XIX e no começo do século XX, a condição de cidadão passa também a expressar os direitos relacionados à proteção social, inicialmente relacionados aos riscos do trabalho assalariado (desemprego, acidente do trabalho etc) e posteriormente estendidos à própria condição de cidadão.[172]

Denota-se que o conceito de cidadania foi sendo construído de modo a revelar valores de cada época, até ser, então, incorporado aos documentos legais, como hoje acontece nas constituições federais.

Nesse conjunto histórico, apresentado anteriormente, o que mais interessa a esta pesquisa é o fato de que os homens em seu habitat começam a reconhecer a necessidade de padrões mínimos de respeito mútuo por seus semelhantes, sendo necessário observar que é justamente dessa ideia que vão se desencadear movimentos em favor do direito por uma moradia digna. Isso denota que o homem, muitas vezes oprimido pelas ações do Estado, não mais tolera certas condições impostas, consequentemente, os seus reclames buscam, justamente, estabelecer padrões mínimos de respeito a direitos conquistados, seguindo este entendimento de forma a compreender o que anteriormente foi descrito, sobretudo, o fato de elementos indispensáveis para essa construção, vale destacar que: "para isso parece ser necessária a presença anterior de um elemento aglutinador: o sentimento de comunidade, de identidade coletiva, que seria, nos antigos, pertencer a uma cidade e nos modernos, pertencer a uma nação".[173]

O sentido moderno da palavra cidadania tem, pelo menos, três focos: o democrático, o liberal e o social. O primeiro é *polis*, o segundo *civitas* e o terceiro *societas*. O último tem a ver com a descoberta de que o *civitas* e *polis*

---

172 Ibid., p. 45.
173 VIEIRA, Liszt; BREDARIOL, Celso. **Cidadania Política e ambiental**. Rio de Janeiro: Record, 1998. p. 26.

somente poderiam existir com o mínimo de justiça social.[174] Podemos, então, imaginar uma sequência: cidadania cívica, cidadania política e cidadania social, sendo que esta última englobaria as duas primeiras.

Nesse sentido, a cidadania foi inserida no contexto das cidades, pois é justamente nelas que os embates ou reclames de seus habitantes vão se mostrar mais emergentes. Tal fato significa conceber que é na cidade moderna onde os cidadãos passam a se relacionar entre si e, também, com o que será considerado, mais tarde, o Estado. Portanto, a cidade passa a ser o palco de tais embates, tornando-os mais visíveis. É relacionado a esse espaço que o desenvolvimento da cidadania será buscado, especialmente, no que se pauta ao aprimoramento do conceito.

Em se tratando especificamente do Brasil, cidade e cidadania não apresentam o mesmo caminho percorrido. Os direitos políticos foram conquistados de modo recente em nossa história, tanto é assim que, criticando essa lógica e também já justificando a dificuldade de construção da cidadania no país, Carvalho observa que,

> Uma das razões para nossa dificuldades pode ter a ver com a natureza do percurso que descrevemos. A cronologia e a lógica da sequência descrita por Marshall foram invertidas no Brasil. Aqui, primeiro vieram os direitos sociais, implantados em período de supressão dos direitos políticos e de redução dos direitos civis por um ditador que se tornou popular. Depois vieram os direitos políticos, de maneira também bizarra. A maior expansão do direito do voto deu-se em outro período ditatorial, em que os órgãos de representação política foram transformados em peça decorativa de regime.[175]

Explicando então a citação anterior, vale fazer menção ao que T. A. Marshall apud Carvalho, compreendeu como lógica correta, pois em sua visão o exemplo que se aproximou dela foi o da Inglaterra, pois neste país vieram inicialmente os direitos civis, no século XVIII. Posteriormente no outro século, os direitos políticos. E em suma, sobreveio a conquista dos direitos sociais, no século XX.

No caso do Brasil, como expressado anteriormente e alicerçado nas palavras de Carvalho, a lógica foi invertida. Desde a sua origem, no país, a dominação é um traço marcante. A sociedade escravocrata esteve motivada no binômio violência-favor, o traço fundamental da relação entre dominantes e dominados e, posteriormente, no patrimonialismo, com o padrão de organização e funcionamento do Estado.

---

174 CARVALHO. **Cidadania no Brasil – o longo caminho**, p. 220.
175 Ibid., p. 178.

Sendo assim, posteriormente com a vinda da República, no final do século XIX, é possível afirmar que apenas ocorrem mudanças de "formas" de dominação, e nesse caso, o favor se transformando em clientelismo e a agressão em exclusão de uma parte da sociedade rural e urbana do sistema político. As manifestações das classes populares são tratadas como "questão de polícia", consequentemente, para inibi-las, buscam-se práticas de repressão violenta. Como ponto de "desenvolvimento", a urbanização e a industrialização, apresentadas em 1930 geraram migrações do operariado e das camadas menos favorecidas que foram se instalar nas cidades do país. Diante desse cenário, em que justamente corroborando com a ideia mencionada no início do tópico, de que são nas cidades que os reclames passam a ser mais visíveis, uma demanda por direitos surge, os quais foram se estabelecidos desde o Governo de Getúlio Vargas. Entrementes, as reivindicações das classes dominantes oscilavam, naquele momento, entre o populismo e o autoritarismo, ou seja, sucedâneos do binômio violência-favor.[176]

Em sequência, vale aqui mencionar o processo ocorrido nos anos 60, 70 e 80, em que foi conhecido um claro movimento de aparelhamento e mobilização da sociedade de forma a afastar o abuso das autoridades e com o viés de preocupação com as necessidades da população.

Fazendo então um balanço de tal período no ideário da cidadania,

> Houve retrocessos claros, houve avanços também claros, a partir de 1974, e houve situações ambíguas, a exemplo dos direitos sociais, os governos militares repetiram a tática do Estado Novo: ampliaram os diretos sociais, ao mesmo tempo em que restringiram os direitos políticos. Os avanços nos direitos sociais e a retomada dos direitos políticos não resultaram, no entanto, em avanços dos direitos civis. Pelo contrário, foram eles os que mais sofreram durante os governos militares.[177]

Sendo assim, após o período da ditadura, foi promulgada a Constituição de 1988, nomeada de Constituição Cidadã, sendo que a referida Constituição institucionalizou os reclames apresentados durante a ditadura. Evidentemente, encontram-se nela os princípios e os mecanismos que asseguram, no plano legal, a implementação de um Estado Democrático e Social, em uma sociedade em que se acresce a polis (a cidade), mas o civitas (o cidadão) conservar--se hipertrofiado pela inexistência do societas (a sociedade). Diante disso, salienta Ribeiro, com veemência, ser este o impasse vivenciado atualmente nas sociedades brasileiras.[178]

---

176 RIBEIRO. **Cidade e Cidadania**: Inclusão Urbana e Justiça Social.
177 CARVALHO. **Cidadania no Brasil – o longo caminho**, p. 193.
178 RIBEIRO. **Cidade e Cidadania**: Inclusão Urbana e Justiça Social.

Entretanto, analisando este período ditatorial, o mais importante do contexto acima é o fato de que, ao longo do tempo, os direitos foram sendo conquistados como forma de não mais se permitir qualquer retrocesso para o cidadão. Em que pese todo o contexto de uma crise democrática posta no país, tal como vista por alguns pensadores atuais, é possível afirmar que a Constituição Federal de 1988 traduz uma conquista admirável por seus aspectos de reconhecimento dos direitos inerentes ao cidadão. Cabe ressaltar isso, mesmo que não se pretenda discorrer sobre tal tópico no presente trabalho para não haja perda de foco. Dentre os seus diversos aspectos, a Constituição Federal de 1988, procurou estabelecer princípios e fundamentos, com a finalidade de serem observados, em níveis básicos de desenvolvimento para uma nação democrática, quais sejam, I – a soberania; II – a cidadania; III – a dignidade da pessoa humana; IV – os valores sociais do trabalho e da livre iniciativa; V – o pluralismo político.

Ainda sobre o viés conferido pela constituição, Dirley da Cunha Júnior e Marcelo Novelino[179] a compreende como um dos fundamentos do Estado Democrático de Direito, "neste passo, a cidadania, enquanto conceito, consiste na participação política do indivíduo nos negócios do Estado e, até mesmo, em outras áreas de interesse público". Baseado em tal ideia, o que se tem é uma perspectiva de cidadão ativo, pois participante de processos de tomada de decisão e de negociação que caracterizam a governança. O mais conhecido conceito de cidadania passiva vem sendo gradativamente ampliado, sobretudo após a Segunda Grande Guerra Mundial. Ao lado dos direitos políticos, compreende-se, a partir do conceito de cidadania introduzido pela CF 1988, os direitos e garantias fundamentais referentes à atuação do indivíduo em sua condição de cidadão.

O interessante é destacar que, em que pese os esforços no sentido de sedimentar a noção de cidadão brasileiro (o que só ocorreu com essa luta e passagens de muitas barreiras, como a resistência à ditadura apresentada acima) deve-se registrar uma crítica, sobretudo, importante por traduzir os anseios de muitos que viram a história, vejamos:

> Percorremos um longo caminho, 178 anos de história do esforço para construir o cidadão brasileiro. Chegamos ao final da jornada com a sensação desconfortável de incompletude. Os progressos feitos são inegáveis mas foram lentos e não escondem o longo caminho que ainda falta percorrer. O triunfalismo exibido nas celebrações oficiais dos 500 anos da conquista da terra pelos portugueses não consegue ocultar o drama dos milhões de pobres, de desempregados, de analfabetos e semi-analfabetos, de vítimas

---

179 JÚNIOR, Dirley da Cunha; NOVELINO, Marcelo. **Constituição Federal para Concursos**. 2. ed. Salvador: Juspodivm, 2011. p. 12.

da violência particular e oficial. Não há indícios de saudosismo em relação à ditadura militar, mas perdeu-se a crença de que a democracia política resolveria com rapidez os problemas da pobreza e da desigualdade.[180]

Então, juntamente com as considerações de José Murilo de Carvalho, buscando fazer, porém, uma transposição para a temática da cidadania ambiental pelo escopo político, registra-se que há uma crítica ainda mais séria no sentido de levar a reflexão apresentada por Reigota[181], quando aborda a questão do esfacelamento da cidadania, por meio da desconstrução de todo um período histórico, abordagem que será tratada mais adiante.

Se de um lado tratou-se, anteriormente, da construção da cidadania no Brasil, por outro lado, essa temática maior acaba por abrir o caminho para que seja, então, inserido o tema da cidadania ambiental. É a própria CF de 88 que abre a oportunidade para esta atuação do cidadão na medida em que ela assegura, no seu artigo 225, que o meio ambiente é um direito de todos. A noção de cidadania ambiental é desenvolvida a partir desse contexto em que foi construído o reconhecimento do ser humano enquanto ser inserido em um estado cidadão, cuja premissa maior é estabelecer condições mínimas de igualdade e de acesso aos bens básicos para sua sobrevivência. Estão aí incluídos os bens naturais. Cabe aqui estabelecer o que vem a ser uma cidadania ambiental bem como um estado socioambiental. Fica, assim, reconhecida a fundamental contribuição da CF de 1988 para a questão ambiental no país, em particular, o tópico que nos interessa aqui: a cidadania ambiental.

Ela é empregada em vários contextos, sendo explorada pelos meios de comunicação, nos ambientes acadêmicos e pela sociedade em geral. Ocorre que, pela contemporaneidade do tema, vale discutir essa noção. Ao discorrer sobre a questão, Vieira e Bredariol, logo destacam:

> O meio ambiente ecologicamente equilibrado é um direito assegurado pela Constituição Federal, que definiu o meio ambiente como bem público de uso comum do povo, isto é, não pode ser objeto de apropriação privada ou estatal contrária ao interesse público . A utilização dos bens ambientais pelo Estado ou pelas empresas privadas não pode impedir que a coletividade use e desfrute desses bens.[182]

Ainda assim, o importante não é somente relevar a letra da Constituição, mas, também, se deve atentar que o princípio estabelecido na referida norma é o aspecto de realçar o intuito de coletividade que deve estar presente como

---
180 CARVALHO. **Cidadania no Brasil – o longo caminho**, p. 219.
181 REIGOTA, Marcos Antonio dos Santos. Citizenship and environmentaleducation, **Psicologia & Sociedade**, v. 20, n. SPE, p. 61-69, 2008.
182 VIEIRA; BREDARIOL. **Cidadania Política e ambiental**, p. 37.

forma de resguardar não somente para esta, mas, também, para as futuras gerações a preocupação com o meio ambiente.

E nesse ponto a Constituição foi ainda além ao preocupar em estabelecer limites ao Poder Público e à coletividade a necessidade de defender o meio ambiente. Neste caso, ainda que o governo se omita e não compreenda sobre um determinado problema ambiental, a exemplo da degradação, os cidadãos e suas respectivas associações possuem meios legais de cobrar/exigir a assistência ao meio ambiente.

É justamente sobre isso que Waldman[183] chama atenção quando afirma que, ao lidar com tal noção, é necessário contextualizá-la, assim como na citação abaixo:

> A realidade contemporânea pressupõe, pois, redobrada atenção relativamente ao entendimento da questão ambiental em toda sua complexidade. Diante da magnitude dos problemas ecológicos, a rediscussão minuciosa dos paradigmas que têm orientado a humanidade nos últimos séculos impõem-se de modo indiscutível. É com base nessa conjuntura que podemos melhor compreender uma noção como a de cidadania ambiental. No entanto, a noção de cidadania ambiental é indissociável de uma contextualização social e cultural.

Mesmo que inserida como um dos fundamentos de um Estado Democrático de Direito e fazendo parte do cotidiano, percebe-se que a cidadania ambiental está sendo construída ao longo do tempo – tal como a noção de cidadania foi colocada anteriormente por Carvalho[184]. O contexto em que, hoje, ela se insere é caracterizado pelos embates entre aqueles que são a favor ou não da sustentabilidade do desenvolvimento. O atual estágio na construção do conceito de cidadania ambiental é fruto desses embates.

Estando, pois, estabelecida a dinâmica de funcionamento do país, e com base em dada organização política, que, por uma pauta internacional, assume como característica o desenvolvimento pelo viés do crescimento econômico, o que se observa, é o surgimento da crise ecológica, justamente, colocando em questão os fundamentos de uma sociedade dita "moderna". Ao que muitos consideram como sendo uma crise civilizatória, nesta direção, o embate vai se concretizar em uma luta acirrada contra o modo de desenvolvimento que ignora o limite como forma de utilização dos recursos naturais, ou seja, que abnega a noção da sustentabilidade como uma possível nova norma. Em conformidade com tal ideia, Leff ressalta, na citação adiante, o entendimento de que:

---

183 Waldman, Maurício. Natureza e sociedade como espaço da cidadania. In. PINSKY, Jaime; PINSKY, Carla Bassanezi (Org). **História da Cidadania**.2. ed. São Paulo : Contexto, 2003.
184 CARVALHO, **Cidadania no Brasil – o longo caminho**.

O princípio de sustentabilidade surge no contexto da globalização como marca de um limite e o sinal que reorienta o processo civilizatório da humanidade. A crise ambiental veio questionar a racionalidade e os paradigmas teóricos que impulsionaram e legitimaram o crescimento econômico, negando a natureza. A sustentabilidade ecológica aparece assim como um critério normativo para reconstrução da ordem econômica, como condição para a sobrevivência humana e um suporte para chegar a um desenvolvimento duradouro, questionando as próprias bases de produção.[185]

Então, aqui, os referidos temas (educação e cidadania ambiental bem como estado socioambiental) se encontram, pois é justamente deste contexto e desta não conformação com os ditames estabelecidos por uma dada ordem, seja ela de âmbito internacional, que, por sua vez, acaba se refletindo na nacional, que surgem os movimentos que irão buscar trazer a reflexão sobre a construção da cidadania ambiental.

Prontamente, nessa compreensão de que os recursos naturais são finitos enquanto o uso pelo homem, muitas vezes, é ilimitado, em função do modelo de desenvolvimento capitalista industrial, realça o surgimento do movimento ambientalista. Imediatamente,

> As incertezas em relação ao futuro parecem algo constitutivo da condição humana já que, inclusive, "desde sempre" as sociedades humanas tiveram que se deparar com um devir, em larga medida, a elas incontrolável. O porvir se delineia, então, como algo ameaçador, uma vez que a manutenção e a continuidade da ordem social, definida das mais diferentes maneiras, se veem numa quase (em certas situações até mesmo total) instransponível encruzilhada diante do aparecimento de elementos com que os termos a partir dos quais a realidade é interpretada não conseguem lidar de forma satisfatória.[186]

Como comenta Waldman[187], um crucial passo para a difusão e consolidação do ambientalismo no país foi seu transbordamento para outros movimentos sociais que alcançaram, nas reivindicações ambientalistas, um liame orgânico com as causas que intercediam. O histórico das lutas ambientais desenvolvidas no território brasileiro a partir dos anos 1980 foi terminante, em muitos cenários, para conquistas sociais reais bem como de elementos capazes de construir uma agenda ambiental na década de 90, como foi o caso da Constituição Federal de 1988.

---

185 LEFF. **Saber ambiental**, p. 15.
186 TAVOLARO, Sergio Barreira de Faria. **Movimento ambientalista e modernidade**: sociabilidade, risco e moral., São Paulo: Annablume, 2001. p. 213.
187 Waldman, Maurício. Natureza e sociedade como espaço da cidadania. In. PINSKY, Jaime; PINSKY, Carla Bassanezi (Org). **História da Cidadania**. 2. ed. São Paulo: Contexto, 2003.

Então, são essas forças que fazem com que a cidadania ambiental seja construída gradativamente, pois, do contrário, não haveria nenhuma evolução no desenvolvimento da cidadania. Ocorre que, não são apenas os movimentos sociais que contribuem para o desenvolvimento dessa cidadania, mas a sociedade, principalmente, no meio urbano é outra alavanca de avanço e, com certeza, é a esfera que tem brindado o mundo com uma pródiga e envolvente série de experiências bem sucedidas, pois direciona sempre para a reflexão de alterar as referidas bases salientadas por Leff anteriormente.

Neste campo, insta ainda registrar as diversas reivindicações como o caso da não conformidade com os níveis de poluição nas cidades modernas e grandes metrópoles, estabelecidos por leis, cujo efeito é de levar ao surgimento de várias ações voltadas para lidar com a questão ambiental em geral e, mais especificamente, para uma melhor qualidade ambiental. Nesse cenário, surgem, por exemplo, as cooperativas de reciclagem que aparecem em condomínios, escolas e associações comunitárias da periferia. Os sindicatos passam a agregar, às reclamações tradicionais, itens como qualidade de vida e segurança no trabalho; é, também, o caso das experiências de educação ambiental desenvolvidas, com ou sem apoio institucional, por docentes e discentes, e, muitas vezes, de modo espontâneo.[188] Vale lembrar que as cidades modernas cumprem um papel importante na construção da cidadania na medida em que elas, no passado, alocaram as populações trabalhadoras reivindicando seus direitos sociais. Assim, vê-se que é no meio urbano em que os movimentos ambientalistas vão se consolidar e reivindicar sua agenda.

Pensando, então, sobre o papel de importância do movimento ambientalista para a construção da cidadania ambiental, deve-se pensar no fato de que esses movimentos, de forma organizada, são alicerces de nortes orientadores para a criação de padrões mínimos de respeito à natureza por parte da sociedade e do poder público, como visto anteriormente que há limites impostos a este. Diante disso,

> num patamar de consciência moral pós-convencional, lei e moralidade se separam e, consequentemente, num sistema legal eticamente neutro ganha lógica própria. A necessidade, porém, desse sistema buscar ancoragem nos âmbitos sociais eticamente mediados para conseguir legitimidade provoca situações com potencial de conflito e desintegração social, frente às quais as associações ambientalistas encontram-se alertas.[189]

---

188   Waldman, Maurício. Natureza e sociedade como espaço da cidadania. In. PINSKY, Jaime; PINSKY, Carla Bassanezi (Org). **História da Cidadania**. 2. ed. São Paulo: Contexto, 2003.
189   TAVOLARO. **Movimento ambientalista e modernidade**: sociabilidade, risco e moral, p. 220.

Nesta direção, é preciso reconhecer que a construção da cidadania ambiental no Brasil não foi edificada de forma automática. Ademais, ela ainda vem sendo construída, diante desse processo histórico, que em momentos críticos da história comprometeu, de forma acentuada, as manifestações dos cidadãos insatisfeitos. De tal modo, é preciso, ainda, reconhecer, como bem assinalou Reigota[190], que, por mais que os avanços tenham sido notórios, principalmente nos anos de 1970 e 1980 do século XX, o que se observou, na primeira década dos anos 2000, durante o primeiro governo Lula, foi um esfacelamento do processo de construção da cidadania ambiental.

Acrescenta que tal esfacelamento se sustenta pela crise ética e política que envolve, entre seus principais atores, intelectuais, militantes, pesquisadores e professores (id.), e traz para a discussão a questão da democracia. Esta, por sua vez, pode ser visualizada como uma democracia ambiental cujo pano de fundo é inserir os cidadãos na participação das decisões de cunho ambiental bem como "[...] na produção de suas condições de existência e em seus projetos de vida".[191]

Certamente a perspectiva que os autores colocam em torno da questão da democracia, justamente vem no sentido de demonstrar os diversos entraves que ocorrem para o desenvolvimento de uma democracia que seja mais participativa e, portanto, de uma cidadania ativa (*sujeito de direito*) em contraponto com a cidadania passiva (*objeto de direito*), ou como classificada por Pedro Demo cidadania tutelada ou assistida. Todavia, tomando por base a leitura de Reigota, observa-se que existe um déficit de participação e de constituição de atores relevantes a partir da primeira década dos anos 2000, o que pode resultar em crescente fator de crise de governabilidade e de legitimidade. O desagrado pela deterioração ou pela falta de melhoria nos níveis de qualidade de vida, sem caminhos eficazes pelos quais estes possam ser reivindicados, pode conduzir a constituição de atores relevantes, o que fica caracterizado em acontecimentos como a volatilidade eleitoral e a ausência de propostas de gestão pautadas no aprofundamento dos exercícios democráticos.

Dessa forma, precárias são as experiências de âmbito municipal que assumem, de fato, uma radicalidade democrática na gestão da coisa pública, assim como ampliam concretamente o potencial participativo. A análise dos processos existentes está permeada pelos condicionantes da cultura política tanto do Brasil como de demais países da América Latina, marcados por tradições estáticas, centralizadoras, patrimonialistas e, portanto, por padrões de relação clientelistas, meritocráticos e de interesses criados entre Sociedade e

---

190 REIGOTA. Citizenship and environmentaleducation.
191 LEFF. **Saber ambiental**, p. 57.

Estado, como descrito no início do referido tópico, sobretudo, na questão da colonização no Brasil predominante.

Nesse sentido, o importante é, justamente, perceber que a construção de uma democracia ambiental necessita de um esforço em conjunto, contemplando, todos os entes federativos assim como a sociedade de uma forma em geral. Longe de estar distante de outros problemas, é possível perceber que muitos dos questionamentos levantados pelos autores citados anteriormente registram que, em dados momentos, ocorrem os arranjos para que a democracia ambiental possa, então, ser colocada em prática através do que Leff considera como sendo uma gestão ambiental participativa, o que fica explícito na citação abaixo:

> A gestão ambiental participativa está propondo, além da oportunidade de reverter os custos ecológicos e sociais da crise econômica, a possibilidade de integrar a população marginalizada num processo de produção para satisfazer suas necessidades fundamentais, aproveitando o potencial ecológico de seus recursos ambientais e respeitando suas identidades coletivas. Assim estão surgindo "iniciativas descentradas" para construir uma nova racionalidade produtiva, fundada em práticas de manejo múltiplo, integrado e sustentado dos recursos naturais, adaptadas às condições ecológicas particulares de cada região e aos valores culturais de comunidades.[192]

Vale chamar atenção ao que Leff aponta como sendo oportunidade crucial no processo de participação: a integração de populações excluídas no sentido de vir preencher as suas necessidades básicas. De acordo com o exposto, ainda é possível perceber que o processo de construção da democracia perpassa as fronteiras teóricas, pois é preciso ir além e fazer com que "ocorra uma necessária transformação dos Estados nacionais e da ordem internacional para uma convergência dos interesses em conflito e dos objetivos comuns dos diferentes grupos e classes sociais em torno da sustentabilidade e da apropriação da natureza".[193]

Em suma, pode-se associar ao movimento ambientalista, com base em seu aspecto de organização, mencionado por Tavolaro, a sua contribuição para o processo de construção da cidadania, o que somente é possível em um ambiente de maior participação na medida em que o que se reivindica é a melhoria da qualidade ambiental através de um novo modo de uso de recursos naturais, o qual deve respeitar os limites dos ciclos biogeoecológicos. Ao proporem o respeito aos limites das condições naturais, seja preservando-as seja conservando-as, os ambientalistas colaboram, junto com outros segmentos sociais,

---

192   Ibid., p. 63.
193   Ibid., p. 62.

para construir um mundo mais *equilibrado* quanto ao uso e apropriação dos recursos naturais de modo a edificar um bem comum. Um mundo com mais qualidade de vida e que possa ser compartilhado com as gerações futuras, o que é visto, por alguns autores, como sendo a meta de uma cidadania ambiental, fruto do trabalho do movimento ambientalista, que somente pode permanecer como inovador e catalisador de forças com a adesão, inclusive, daqueles que, quer por desconfiança em seus representantes quer por insatisfação com o sistema, desistiram de se manterem engajados no movimento. Em assonância ao parágrafo anterior, cabe mais uma vez mencionar as ideias de Leff,

> As reivindicações do ambientalismo promoveram os direitos humanos por um ambiente sadio e produtivo, e reconhecem o direito das minorias étnicas de preservar sua língua, seus territórios e sua cultura, incluindo o acesso a apropriação de seus recursos ambientais como fonte de riqueza e base de uma sustentabilidade. Assim a perspectiva ambiental do desenvolvimento transcende a via unidimensional do crescimento econômico, abrindo múltiplas opções produtivas, novas formas de vida social e uma diversidade de projetos culturais.[194]

Como descrito anteriormente, a questão ambiental está inserida na preocupação da sociedade contemporânea como um todo incluindo as populações minoritárias e tradicionais. Assim, é preciso fazer os contornos necessários para que a questão seja enfrentada enquanto mola propulsora para a construção da cidadania ambiental.

Silva-Sánchez[195] chama a atenção para o fato de que a problemática ambiental está intrinsecamente ligada a vários aspectos sociais, pois ela perpassa todas as ações. Ou seja, qualquer conduta tem o fito de contribuir para o que pode ser chamado como sendo o equilíbrio ambiental. Nesse sentido, a autora afirma:

> A complexidade que os problemas ambientais assumiram em nosso tempo e suas implicações em todas dimensões do cotidiano fazem que seus contornos e limites escapem a objetivações mais apressadas. De qualquer modo, a crise ambiental que vivemos hoje decorre do esgotamento do modelo de desenvolvimento adotado pela sociedade, baseado em um alto dinamismo econômico, acompanhado de uma elevada desigualdade social. As mudanças climáticas, a destruição da camada e ozônio, a perda da biodiversidade, a poluição dos mares, estão no centro do debate ambiental mundial.[196]

---

194 Ibid., p. 63.
195 SILVA-SÁNCHEZ, Solange S. **Cidadania Ambiental: novos direitos no Brasil**. 2. ed. São Paulo: Annablume, 2010. p. 23.
196 Ibid., p. 23.

Tendo este cenário de fundo, em que as ações econômicas acabam por comprometer o meio ambiente e refletem a desigualdade da qual Silva-Sánchez mencionou, trata-se, portanto, de construir uma nova relação societal, fundada em um tipo novo de cidadania na qual os cidadãos se reconheçam como parte desse processo, ultrapassando as fronteiras do marco liberal, estendendo-se o estatuto de sujeito de direito para a própria natureza e para as gerações futuras.[197] No entanto, como afirma Sánchez, "a solidariedade para com as gerações futuras só faz sentido como um complemento à solidariedade para com aquelas que hoje são marginalizadas: o Contrato Natural entre os Povos".[198] Nesse sentido, a construção de uma nova cidadania depende da conscientização dos problemas do hoje e do combate dos "problemas fundamentais" estabelecidos pela Modernidade.

Por conseguinte, vale então estabelecer um diálogo entre o que Sánchez firmou anteriormente e o que Demo sintetiza para fundamentar esse processo emancipatório que não decorre, logicamente, de um único fator, mas, sobretudo, "constitui um fenômeno profundo e complexo de teor tipicamente político, e que supõe, concretamente, a formação de um tipo de competência, ou seja, de saber fazer sujeito histórico capaz de pensar e conduzir seu destino".[199]

Assim, em arremate ao presente tópico, passa-se a fazer as considerações gerais pertinentes à questão da cidadania, tendo por objetivo delinear as percepções concernentes aos avanços e retrocessos da cidadania ambiental no Brasil. Após um período considerado crítico, por seus exageros em limitar o direito de manifestação, qual seja a ditadura de 1964-1984, período já evidenciado nos parágrafos anteriores, o que se percebeu na visão de Reigota foi o engajamento de movimentos políticos no sentido de construir uma sociedade que seja democrática.

Ocorre que, como descreveu Reigota, observou-se um descompromisso político, o qual o autor chama de "ciência militante", que parece impactar o processo de construção da cidadania de alguma forma:

> Nos últimos anos, os discursos sobre as ciências em vários espaços influentes têm privilegiado o descompromisso político. A denominação "ciência militante" se tornou perjorativa, relacionada com intelectuais que produzem discursos engajados, com referência à biologia, neurociências,

---

197 SILVA-SÁNCHEZ. **Cidadania Ambiental**: novos direitos no Brasil.
198 Ibid., p. 25.
199 SILVA-SÁNCHEZ, Solange S. **Cidadania Ambiental**: novos direitos no Brasil. 2. ed. São Paulo: Annablume, 2010. p. 12. DEMO, Pedro. **Cidadania tutelada e assistida**. São Paulo: Autores associados, 1995. p. 133.

física quântica, mas sem comprovação empírica, e/ou com fragilidade conceitual.[200]

Entrementes, em que pese as observações acima, salienta ainda o autor a preocupação existente em construir uma educação com viés a transformar os receptores em verdadeiros cidadãos. Neste sentido, "é necessário lembrar uma vez mais que a ênfase dada à cidadania na educação ambiental é resultado da práxis de vários profissionais militantes da área".[201] Trazendo a citação acima para esta ideia, se o descompromisso político é fato, os "profissionais militantes da área" não estariam capazes de contribuir para a cidadania ambiental na perspectiva de transformação dos indivíduos em cidadãos. Logicamente que, em uma primeira análise, parece que a educação, pela dinâmica que ela proporciona, seria capaz de inserir mudanças fundamentais, sobretudo, no modo de pensar ambiental. Entretanto, a educação em si, sem que seja mais bem refletida, não enseja, necessariamente, essas mudanças. Tendo em vista que:

> A educação não favorece a cidadania automaticamente. Dentro do contexto do capitalismo perverso, sua tendência maior é típica de reproduzir o espectro das desigualdades sociais. Pode imbecilizar mais do que ensinar. Para que tenha condições de plantar e sempre renovar a competência, são imprescindíveis condições concretas favoráveis e articuladas, principalmente o bom funcionamento do sistema de qualidade dos professores. No processo educativo, é mister ocorrer a emergência do sujeito histórico, capaz de ler a realidade criticamente nela intervir de modo alternativo instrumentado pelo conhecimento. Trata-se de aprender a aprender, saber pensar, para melhor intervir.[202]

Então, o mais preocupante dessa situação é justamente observar que o autor acaba por destacar alguns problemas que ocorrem no período de construção da cidadania, passando pelo processo de educação. Afinal, não basta somente ministrar o conteúdo; antes, porém, deve-se refletir como ele vem sendo inserido no contexto pedagógico e, neste caso, deve sempre almejar ser capaz de provocar transformações no cidadão. Tal ideia corrobora com a visão de Luckesi.[203]

Além desse problema, é preciso ainda advertir a ideia de que o processo de construção da cidadania ambiental pós-ditadura, na visão de Reigota, a partir do primeiro governo petista, passou por uma desconstrução de todo esse engajamento referido acima. Em se tratando da cidadania brasileira, não seria

---

200 REIGOTA. **Citizenship and environmentaleducation**, p. 62.
201 Ibid.
202 DEMO. **Cidadania tutelada e assistida**, p. 147.
203 LUCKESI. **Filosofia da Educação**.

demais recordar que ocorreu um movimento no sentido de derrubar as bases que serviam como entraves para consolidação dos direitos durante o regime militar e, mesmo assim, após a sua queda, uma importante consideração do autor é identificar um "sentimento compartilhado de cidadania". Segundo a visão de desconstrução, o que mais se evidencia, na visão do autor, é o fato de que "são representações de cidadania elaboradas, reivindicadas e vivenciadas no Brasil como resistência ao regime militar e depois desse a todos os tipos de totalitarismos que esfacelaram".[204] Consequentemente, ao observar este período, Reigota considera que ocorreu o esfacelamento do processo (ou representação que os dissidentes tinham dele) de consolidação da cidadania durante o primeiro governo Lula.

Em síntese, o que se pretendeu no decorrer do texto até aqui não foi de forma alguma descrever crises políticas existentes na administração de alguns partidos brasileiros, mas, sobretudo, identificar como determinadas crises podem contribuir para a desconstrução da cidadania ambiental em um momento em que ela é bastante necessária para enfrentamento de problemas ambientais. Ainda, o intuito é de fazer com que os olhos do pesquisador e do leitor estejam voltados para o porvir, demonstrando, então, a preocupação com o quadro de exclusão de uma grande parte dos atores que diante desses desajustes não estão plenamente motivados para inserirem-se no contexto das lutas e busca por rupturas.

Cabe, assim, atentar para o que Reigota, observa na citação abaixo o que, por sua vez, une os dois temas tratados neste capítulo – educação e cidadania ambiental,

> a educação ambiental poderá iniciar uma fase na qual as novas gerações formadas a partir desta crise ética e política serão protagonistas". Mas antes disso ainda temos o longo percurso de buscar respostas às nossas questões específicas: poderá a educação ambiental ter participação efetiva na reconstrução da cidadania? Em caso positivo, com quais referenciais teóricos e políticos? Serão as próximas gerações de educadores (as) ambientais capazes de definir, através de suas práticas cotidianas, não só a cidadania, mas também e principalmente um comportamento político de autonomia dos cidadãos e cidadãs e dos movimentos sociais frente aos aparelhos ideológicos de Estado? Quem viver verá.[205]

Compreende-se que da leitura dos autores até o momento estudados, não obstante existir uma crítica sobre todo esse processo que culminou no "esfacelamento" da construção da cidadania há uma busca uníssona dos estudiosos no sentido de que a maior parte da sociedade esteja engajada nessa

---

204 REIGOTA. **Citizenship and environmentaleducation**, p. 63.
205 Ibid., p. 67.

nova cidadania. E que ela seja proporcionada por meio da educação, no viés que Vania Maria Nunes dos Santos compartilha na citação a seguir:

> A educação ambiental tem sido constatemente associada à reformulação de valores éticos e morais, individuais e coletivos, e à formação da cidadania. Considerando que a cidadania implica a posse de direitos civis, políticos e sociais, ela tem a ver com consciência do sujeito de pertencer a sua coletividade e de possuir uma identidade, individual e coletiva.

Nesse sentido, como já se havia mencionado, a autora vai permear a sua pesquisa pelo norte da coletividade. É preciso ir além do que reconhecer direitos, mas é preciso efetivá-los, sendo que todos devem sentir-se parte e não somente meros receptores. Assim se compreende Reigota quando afirma "quem viver verá", se considerado que o processo de construção dessa nova cidadania, bem como o amadurecimento para a criação de um estatuto deste cunho, levará anos até que ocorra uma finalização.

Então, com base no discutido acima sobre o processo de construção da cidadania e, de forma mais específica, na cidadania ambiental, é preciso sintetizar o que se pode compreender de uma cidadania ambiental. Assume-se que busque ter, em seu âmago, a educação ambiental, compreendida como parte essencial do processo de conscientização, que ocorre graças ao cidadão crítico. Neste caso,

> A educação ambiental como formação de cidadania, ou exercício da cidadania tem a ver, portanto, com uma nova forma de conceber a relação homem-natureza, em busca da construção de sociedades mais justas e ecologicamente equilibradas. Isto implica num processo de aprendizagem permanente e exige a consecução de políticas públicas claramente definidas e discutidas com o conjunto da sociedade voltadas à melhoria da qualidade de vida.[206]

Fazendo, assim, uma reflexão final sobre o aspecto geral do primeiro capítulo, a intenção aqui foi demonstrar como, por um escopo ambiental, é possível juntar as tensões e dialogar os diversos interesses em uma sociedade de forma que todos eles estejam em pauta, com intento maior de buscar uma harmonia. Cabe, ainda, uma pergunta: se a cidadania ambiental prevê a participação consciente dos indivíduos no sentido de se alcançar a sustentabilidade do desenvolvimento, não estaria ela se remetendo a ideia de Estado Socioambiental? O que se compreende por Estado socioambiental? Responder a este questionamento não seria algo fácil, pois demandaria uma visão integrática das as questões.

---
[206] Ibid., p. 257

Logo, traçando um paralelo com os temas anteriores, entende-se por um Estado socioambiental aquele em que as ideais de justo equilíbrio entre as necessidades econômicas sociais e meio ambiente das gerações presentes e futuras encontram-se interligadas, demonstrando um aspecto de conformidade que se estabelece entre o desenvolvimento e meio ambiente.

Decerto que, ao adotar esta ideia de Estado socioambiental, como acima mencionada, esclarece-se que é preciso essa mudança de pensamento, justamente objetivando um engajamento maior da sociedade no processo de mudança paradigmas. Foi nessa direção, que Leff construiu seu pensamento, o que fica claro ao se aludir que

> A crise ambiental não só propõe limites da racionalidade econômica, mas também a crise do Estado, de uma crise de legitimidade e de suas instâncias de representação, de onde emerge uma sociedade civil em busca de um novo paradigma civilizatório. Esta demanda de democracia e participação da sociedade obriga a rever os paradigmas econômicos, mas também as análises clássicas do Estado e as próprias concepções da democracia no sentido das demandas emergentes de sustentabilidade, solidariedade, participação e autogestão dos processos produtivos e políticos.[207]

De acordo com a predileção de Leff, apresentada anteriormente, e seguindo o intuito pelo qual se procurou demonstrar no decorrer deste capítulo, o estado socioambiental pode ser considerado como o pano de fundo capaz de proporcionar o desenvolvimento do cidadão ambiental, o que caracteriza uma sociedade de caráter transformador, seguindo a tendência da educação apresentada por Luckesi.

Prontamente então nessa visão em que foram sendo construídos ou apresentados os conceitos de educação, cidadania ambiental e estado socioambiental, o processo de cidadania ambiental deve vir como escopo de um plano ou ideário de governo que seja capaz de demonstrar em suas bases a busca por um desenvolvimento da sociedade, entretanto, a sociedade de forma organizada também possui um papel peculiar no processo emancipatório, visto que é dela que ecoam os anseios que serão logicamente transformados em balizas e nortes para o convívio harmônico.

3.5 A cidadania e meio ambiente no Projeto Terra Mais Igual: contribuição para cidadania ambiental?

O Projeto Terra Mais Igual tem, entre os seus objetivos, a preocupação de proporcionar a cidadania de forma mais abrangente, não se voltando, especificamente, para a ideia de cidadania ambiental. Neste sentido da cidadania, as entrevistas indicaram que os moradores não estão, satisfatoriamente, assistidos

---

207 LEFF. **Epistemologia Ambiental**, p. 149.

para a resolução de seus problemas básicos – este é o caso do transporte e da mobilidade (perguntas 2 e 3), como dito anteriormente, ou ainda, do acesso aos serviços tais como cartórios, correios etc. Com relação a estes últimos, pode ser confirmado quando, mesmo tendo uma praça próximo a comunidade que deveria acolher vários serviços, os moradores são obrigados a se dirigir ao Centro de Vitória (tal como observação do item 2.3). Com relação ao transporte, uma das críticas recorrentes por parte dos respondentes liga--se ao fato de que, na comunidade, o serviço de transporte público como é considerado como suficiente para o número de habitantes que dele depende sendo que, não raras vezes, os moradores têm que fazer este trajeto em pé. Isto é um indicativo de que as Políticas Públicas estão deixando de assistir a comunidade, talvez por desconhecimento de suas necessidades.

Conforme discussão na primeira parte desta pesquisa sobre o uso do solo urbano no viés do desenvolvimento e, também, dos conceitos trabalhados nesta terceira parte, o acesso aos bens e serviços básicos e o empoderamento de comunidades são aspectos fundamentais a ser considerado quando se trata de ações visando o estabelecimento de um desenvolvimento mais justo socialmente e ecologicamente. Nesta senda que, como descrito na Metodologia do Terra Mais Igual, reproduzida abaixo, é desejável o envolvimento da comunidade através da autogestão e da democracia participativa como estratégias que possam favorecer a construção de uma cidadania.

> o plano de desenvolvimento Humano resulta das ações e esforços empreendidos pelos atores sociais e públicos nas diferentes fases de implementação do Programa, pactuando objetivos e responsabilidades para o fortalecimento da democracia participativa e da autogestão.[208]

Entretanto, se este é um dos objetivos do projeto, não podemos afirmar, infelizmente, que ele foi alcançado (democracia participativa e autogestão da comunidade) tendo como base os dados recolhidos. Inicialmente, devido ao próprio desconhecimento de ações de educação e cidadania ambiental, evidenciado no item 3.3, bem como pelos dados acima sobre a dificuldade de acesso aos serviços, o qual parece apontar para pelo menos dois pontos: (1) a (talvez, pequena) mobilização da comunidade no sentido de reivindicar seus direitos – o que será visto a seguir; (2) a falta de um canal de escuta mais próximo à comunidade por parte do ator governamental.

Se, pelo até aqui exposto, pode-se pensar que tal objetivo fica comprometido quanto ao seu não alcance, por conseguinte, poderá se aventar sobre a dificuldade de contribuição do projeto na construção da cidadania e de uma cidadania ambiental. Reforçando esta hipótese, alguns dados valem

---

208 MUNCÍPIO DE VITÓRIA. **Metodologia do Projeto Terra Mais Igual**, Estado do Espírito Santo, Vitória, 2007, p. 31.

ser apresentados. Como pôde ser observado, no campo, a comunidade não parece engajada em ações de autogestão com relação à questão do lixo. Esta parece estar mal resolvida quanto a sua gestão na medida em que há acumulação do lixo nas vias de circulação utilizadas pela própria comunidade (tal como as figuras 11 e 12). Contrariamente ao que se viu quando se perguntou aos moradores o que os incomodaria (pergunta 12), a limpeza do bairro não aparece como um incomodo para os respondentes (5%), o que parece nos colocar diante, talvez, de um paradoxo em função da percepção do lixo e do incômodo, tal como se vê o resultado a seguir, quando se perguntava o que mais te incomoda no bairro, quando os respondentes colocaram 40% violência; 10% falta de transporte; 10% dengue; 9% falta de escola; 9% falta de médicos; 5% localização; 2% falta de acesso; 5% deslizamento; 5% limpeza do bairro e 5% vizinhos.

Além disto, porém ainda relacionado à questão da cidadania, um outro ponto que cabe ser colocado se refere ao processo de remoção das famílias situadas em áreas de risco. Segundo informação obtida durante a entrevista (mesmo não tendo sido objeto de questão específica), as famílias não discutem com o ator governamental a questão de serem classificadas como estando situadas em área de risco. Este ator já vem com a informação posta sem qualquer consulta a percepção da comunidade sobre este *pretenso* risco. Sobre as suas escolhas ou preferências relacionadas à remoção, elas têm a opção entre aluguel social ou a compra de nova residência de acordo com um valor estipulado pelo projeto – e não um valor assumido pela família.[209] Nesta falta de consulta às famílias, o que se desconsidera, ainda, é o valor afetivo de um bem da família, algo que ela própria construiu, muitas vezes, durante anos e com auxílio, até mesmo, de uma rede de parentes e vizinhos. O que poderia ser visto como sendo uma falta de canal de escuta mais próximo da comunidade. Como a família vê, percebe o risco? Isto não parece ser discutido nem pela comunidade nem pelo ator governamental. E não aparece como um dos itens que mais incomoda para os respondentes (pergunta 12)– 5% apontam para o deslizamento. Seria este ponto mais um paradoxo relativo a percepção de risco pela comunidade e pelo ator governamental?

Ainda que se trate de uma determinação pelo ator governamental, é prudente, nestes casos de remoção, trazer a comunidade para participar destas discussões tal como deixa subentender o objetivo número 1 do projeto citado a seguir.

---

[209] O valor do auxílio moradia será definido por Decreto, com base no custo médio de construção de uma unidade habitacional pelo Município.

"contribuir para a ampliação da participação e fortalecimento das organizações sociais e da comunidade, visando à criação de novas perspectivas e valores que contribuam na melhoria dos índices sociais".[210]

De igual forma, no que se refere a cidadania como pressuposto do reconhecimento do indivíduo como pertencente a uma comunidade revela-se adequado apresentar o resultado da (pergunta 17), quando indagados a respeito de quem mais ajuda a comunidade em um momento de necessidade, os respondentes informam que primeiramente surgem a Defesa Civil e Bombeiros, posteriormente a Polícia, seguido do pessoal do posto de saúde, depois os próprios moradores, depois líderes comunitários, comerciantes e prefeitura. Neste sentido, mais uma vez, infelizmente, uma realidade se apresenta os laços da comunidade para o enfrentamento de eventos tais como os desastres não estão suficientemente adequados para a construção do processo de cidadania, tal como deixa transparecer o escopo do projeto, principalmente se refletirmos que no momento de ocorrências de episódios que geram instabilidades é normal que aqueles que estão integrados a comunidade tendem a conduzir o processo de forma mais célere. Dentro deste contexto que se insere a concepção de Vania Maria Nunes dos Santos, quando compartilha na citação a seguir que:

> a educação ambiental tem sido constatemente associada à reformulação de valores éticos e morais, individuais e coletivos, e à formação da cidadania. Considerando que a cidadania implica a posse de direitos civis, políticos e sociais, ela tem a ver com consciência do sujeito de pertencer a sua coletividade e de possuir uma identidade, individual e coletiva.[211]

Por outro lado, porém ainda dentro deste mesmo contexto do indivíduo reconhecer-se como responsável da sua própria história, e, também, de chamar para si a responsabilidade para diante dos desastres, justifica-se a inserção do resultado da (pergunta 15), onde era indagado o respondente quem deveria ser responsável pelos prejuízos provocados por deslizamentos de terra? O percentual de 50% respondeu que os órgãos públicos deveriam ser responsáveis; enquanto o de 35% respondeu que deveriam ser os próprios moradores e, 15 % disse que a outras pessoas caberia essa responsabilidade. Ocorre que fica demonstrado que a comunidade não pressupõe de forma clara a concepção de que suas ações também podem contribuir para esses fatos, tais como os desastres, isso em certa medida pode ser apresentado como indicativo (ou não), de que o projeto tem perdido a oportunidade de colocar para a comunidade

---

210 Ibdi., p. 6.
211 SANTOS, Vânia Maria Nunes. Formação de professores para o estudo do ambiente: realidade socioambiental local e cidadania. In: TRISTÃO, Martha; JACOBI, Pedro Roberto (Orgs.). **Educação Ambiental e os movimentos de um campo de pesquisa**. São Paulo: Annablume, 2010. p.105.

a sua responsabilidade na organização da cidade de Vitória. Esta ausência contribui para o fato de que a ocorrência desses eventos são sempre imputados ao outro, e de certo modo contribui para a confirmação de que a comunidade está fragilizada pelos laços de coletividade.

Considerando o acima exposto, o projeto parece estar deixando de cumprir com este objetivo principalmente quanto a participação dos moradores, princípio fundamental da cidadania, em defesa de seus direitos. Com relação a participação e fortalecimento das organizações sociais, o que foi observado é que existe a Associação de Moradores do Tabuazeiro, que inclui a área do Alto Tabuazeiro, que parece ter uma ação limitada. Pois foi relatado que as demandas da comunidade foram levadas às Secretarias de Meio Ambiente, de Saúde, de Habitação, de Transporte e de Educação, onde foram protocoladas, em dois momentos – 06/2013 e 10/2013, sendo que este último reitera o exposto no primeiro pedido de atendimento as necessidades da comunidade. Estas demandas demonstram a insatisfação da comunidade, apontada anteriormente, no atendimento e/ou acesso à serviços, por exemplo.

A ideia do projeto de que, a partir da urbanização, da habitação de risco e da vulnerabilização do território, outros problemas sociais possam ser dirimidos é um pressuposto válido, principalmente, por estar lidando com a complexidade da questão urbana, das vulnerabilidades, dos desastres e dos riscos produzidos pelo desenvolvimento, tal como discutido no primeiro capítulo. No entanto, em função do exposto acima, se tem a impressão de que há, ainda, a persistência de uma visão mais pontual do que integrada quando da prática como se vê a seguir. A visão da complexidade que sustenta este pressuposto encontra-se na justificativa na citação abaixo.

> A violência urbana rebate nos territórios segregados socialmente, contribuindo para o aumento do número de mortes violentas em especial para os jovens na faixa etária de 14 a 25 anos. Esse é atualmente o maior desafio a ser enfrentado pelo poder público e sociedade civil, em defesa da vida.[212]

Este relevo dado a violência nesta justificativa está refletida nas respostas dadas pelos moradores quando se perguntou sobre o que mais incomodava no bairro (pergunta 12) ser a violência. Dentre as opções do questionário, a questão da limpeza do bairro (5%) e a dos deslizamentos (5%) assim como os vizinhos e a localização. Com relação ao percentual de respostas dadas ao deslizamento, cabe ressaltar que os respondentes não se percebem habitando em área de risco.

---

[212] MUNICÍPIO DE VITÓRIA. **Metodologia do projeto Terra**, p. 35. Vitória, 2007.

Outra questão a ser levantada nesta pesquisa é a qualidade de vida da comunidade visto que é coloca este item como condições mínimas para uma vida digna diante dos recursos que deve ser colocados para o uso do ser humano, em respeito a natureza. Este item é um dos eixos do projeto, e é entendida como sendo aquela que permite o desenvolvimento social, considerando o "processo no curso do qual produzem-se as situações sociais em que, progressivamente, amplia-se as escolhas individuais, alcançando-se níveis de vida mais coletivos mais elevados".[213]

Tal como apresentado no decorrer deste capítulo, a cidadania foi, aos poucos, sendo desenvolvida na sociedade brasileira. Hoje, o que se compreende por cidadão é criar condições suficientes para que as pessoas possam se desenvolver, almejando um bem comum para a coletividade e, para isto, possam atuar como sujeitos através da participação e da autogestão.

Em específico ao Alto Tabuazeiro, algumas questões realmente nos interpelam pela amplitude que elas tomam. Os paradoxos pontuados acima vão nesta direção e parecem mostrar que alguns dos objetivos do projeto ficam sem uma resposta através de dados recolhidos e da observação de campo. Como a construção do risco e da vulnerabilidade socioambiental considerando o processo de urbanização é ponto importante para a presente pesquisa, cabe retomar este ponto.

Normalmente, os locais ideais que são propícios para o desenvolvimento de uma cultura cidadã são os centros comunitários, que podem ser usados pela comunidade ou pelo próprio Município com o intuito de trazer conhecimento e informação sobre questões tais como a vulnerabilidade de habitações ou o risco de deslizamento, o qual é conhecido pelo ator governamental e foi observado nas visitas ao campo. Infelizmente, este lugar que deveria ser utilizado para esta finalidade parece subutilizado pelos atores comunitários e governamentais, se tornando abrigo para um outro tipo de risco, ligado a pobreza.

Uma das vertentes estabelecidas pelo projeto é a de, após ter feito a remoção das pessoas residentes nas áreas de risco, recuperar a paisagem local, ou seja, estabelecer estas áreas de preservação, as Zonas de de Proteção Ambiental (ZPA), apresentadas no capítulo primeiro. Ocorre que, pelo que pude observar, esta sequência remoção – ZPA não tem sido satisfatório na medida em que, embora muitas famílias já tenham sido realocadas em outros locais, as áreas em que as casas foram demolidas permanecem sem a adequada limpeza, a exemplo de constatações feita através do campo e das fotos abaixo.

---

213 Ibidem, p. 31.

Figuras 13 e 14 – Casas demolidas e entulhos não retirado

Fonte: arquivo pessoal, 2014.

Como se observa pelas fotos, restam das casas estes alicerces que, não removidos, acabam por contribuir para que outras pessoas possam ali se estabelecem novamente além de se tornarem locais de proliferação de vetores de doenças tais como a dengue indicada na pergunta 10.

A construção da cidadania pressupõe que o homem, a partir do processo educativo, se reconheça como construtor da sua história de vida, ou seja, um sujeito proativo, bem como o fato de que, ao estar inserido dentro de uma comunidade, sinta-se como parte dela. Esta concepção vem do ideário de pertencimento, que torna cada um ligado pelo liame subjetivo que está por detrás do escopo do projeto de sociedade. Talvez essa questão dos laços possa ser explicada com base nas respostas da questão de número 13 – "Quando começa a chover forte, qual a sua maior preocupação?". Se 25% se preocupam com os deslizamentos de terra; seguido de 15% que se preocupam com os problemas de acesso/estradas, 5% outros e 10% não se preocupam com nada, 45% responderam que, quando começa a chover forte, se preocupam com os vizinhos. Quando perquiridos do porquê, eles informaram que os vizinhos podem enfrentar dificuldades adversas tal como infiltrações.

Em outras palavras, os respondentes se referem ao risco, apesar de não terem, claramente, esta noção em mente. Este tipo de resposta ficou mais latente quando nas respostas dos residentes próximo à casa de madeira (Figura 10), uma casa que, visivelmente, está em área de risco, isto é pode ser atingida por um movimento de terra ou de rochas; mas, antes de tudo, é uma casa que, em si, já é um risco por conta das condições precárias de sua construção. Assim como ela, foram observadas outras construções em situação similar. Ou seja, apesar da remoção do projeto Terra Mais Igual, ainda existem casas em condições vulneráveis. Alguns moradores relataram que quando as famílias são removidas, outras pessoas se apropriam do espaço, antes considerado como sendo área de risco. Talvez, pelo fato que, hoje, várias famílias já saíram das áreas de risco e que o questionário não foi aplicado à estas famílias, obtivemos este resultado. De qualquer forma, vale uma vez mencionar que a concepção de uma "mobilização social" em prol da redução do risco pressupõe, assim como identificou Mendonça e Pinheiro, "o conhecimento da percepção de risco e de seus fatores pela população".[214]

À guisa de fechamento deste capítulo, insta esclarecer que a construção do processo de cidadania inscreve-se como imprescindível para os cidadãos destes territórios vulnerabilizados, e, que mesmo diante dos enormes problemas que são enfrentados pelas comunidade, ainda conseguem se organizar de modo a cobrar da municipalidade um posicionamento quanto as suas demandas, ainda que não tenha sido até o momento suficiente. É dentro do contexto de análise do pensamento do desenvolvimento numa lógica ecológica que Da Silva Rosa observa que, em que pese os esforços no sentido de minimizar os problemas decorrentes deste pensamento, tais como a construção de vulnerabilidades, a racionalidade econômica não encontra limites para a sua compatibilização com a natureza. Isto nos leva a pensar na direção da sua citação que afirma que,

---

214 MENDONÇA, Marcos Barreto de; PINHEIRO, Mariana Talita Gomes. **Estudo da percepção de risco associado a deslizamento no bairro do Maceió, Niterói, RJ**, 2014.

centrado na dimensão econômica, o quadro ideológico do modelo de desenvolvimento atual se encontra, historicamente, muito presente nos discursos de políticas públicas em todo mundo, fato que nos incita a questionar o engajamento dos governos em favor do chamado desenvolvimento sustentável.[215]

O pensamento acima além de criticar o modelo de "desenvolvimento" presente busca refletir sobre um direcionamento das condutas humanas tendo como objetivo maior a consideração da natureza e de sua lógica. Tal como apresentado no primeiro capítulo, os dos fatores que contribuem para o aumento das proporções das áreas de risco foi o fato de que os grandes projetos econômicos extinguiram, em seu âmago, a concepção de planejamento e do respeito às condições naturais dos territórios em que se instalam. É juntamente nessa dinâmica do desenvolvimento, observado pela autora, que nascem os problemas modernos como o uso desordenado do solo, muitas vezes, sendo áreas de risco, a construção de vulnerabilidades socioambientais que se tornam exacerbados num cenário onde o Estado se omite.

Diante da afirmação anterior, cabe então melhor explicá-la, quando se fala de progresso econômico e social, tendo em vista que desenvolvimento não deveria, necessariamente, estar ligado à degradação socioambiental. Ocorre que, por uma *má interpretação*, o entendimento caminha nesse sentido, reforçando o comprometimento do meio ambiente pelo processo industrial, mais especificadamente anos 50/60.

Nessa direção, mesmo que, em um primeiro olhar, pareça que o desenvolvimento em si seria cercado apenas de aspectos positivos, o que se vê com a vulnerabilização de comunidades e com a degradação da natureza em geral, é uma situação de emergência, que, justamente, é criticável. É neste cenário que se insere a questão da desigualdade do desenvolvimento e da segregação socioespacial no meio urbano, pois, embora que todos devessem estar no mesmo pé de igualdade, é certo que cada região encontra os entraves, demonstrando um quadro de desigualdade mundial, nacional, regional e local.

A área aqui estudada, o Alto Tabuazeiro, é um exemplo deste quadro típico de desenvolvimento tardio como é o caso do Espírito Santo. O Estado, através de projetos como é o caso do Terra Mais Igual, procura mitigar as mazelas produzidas por décadas de distanciamento e/ou falta de resposta às demandas de comunidades vulnerabililzadas social e ambientalmente por um processo histórico focado num desenvolvimento puramente econômico. No entanto, como este estudo procura mostrar através do discurso do projeto e das idas a

---

215 DA SILVA ROSA, TERESA. Os Fundamentos do pensamento ecológico do desenvolvimento. In: VEIGA, José Eli da (Org.). **Economia Socioambiental**. São Paulo: Senac, 2009. p. 27.

campo para aplicação de questionário, o que se constata é que a construção da cidadania *tout court*, em área considerada de risco, fica comprometida pelo próprio desconhecimento da população sobre as de ações de educação e de cidadania que deveriam ter sido praticadas. Neste sentido, parece difícil querer pensar em um processo de construção de cidadania ambiental...

Tal lacuna não reflete a democracia participativa e a autogestão que estão presentes no discurso daquele projeto. Ambas parecem se revelar letra morta num texto que se pretende estimular a transformação de valores e de comportamento em prol de uma *Terra Mais Igual*. A oportunidade que o Estado tem de procurar dar acesso, através do empoderamento das famílias desta comunidade, a dignidade e aos direitos cidadãos (diga-se, estes assegurados na Constituição de 1988) parece não ter sido realizada considerando os dados colhidos, as observações feitas e as fotos mostradas aqui.

A remoção da área de risco parece ser feita sem contudo ter sido discutida com sujeitos, as famílias que seriam as maiores interessadas pelas suas vidas e sua sobrevivência. A remoção é feita sem discussão maior. Além disto, ela deveria ser feita, segundo o discurso, com o intuito de se estabelecer zonas de proteção ambiental, inclusive para virem contribuir na mitigação de riscos de deslizamento... o que não ocorreu... Ainda e, isto, deste 1997... Quando o projeto Terra Mais se iniciou, se transformando, mais tarde, em Terra Mais Igual, tal como conhecido atualmente.

CONSIDERAÇÕES FINAIS

Conscientes de que a questão ambiental está cada vez mais presente no cotidiano da população brasileira, principalmente no que se refere ao desafio de preservar a qualidade de vida, a educação ambiental deve ser vista como um processo permanente de aprendizagem que valoriza as diversas formas de conhecimento e forma cidadãos com consciência ambiental e planetária.

Neste sentido, a educação ambiental, como componente de uma cidadania abrangente, está relacionada a uma nova forma de interação homem/natureza. A partir desta perspectiva, se direciona o trabalho de equipe, o que ocorre entre os diversos atores envolvidos, voltados prioritariamente para a solução a se apropriar do patrimônio natural como bem de uso comum necessário a sua sobrevivência e qualidade de vida.

Desta forma, como descreve Loureiro "a complexidade ecológica-social exige que pensemos, defendamos e legitimemos projetos de sociedades que possam afirmar como sustentáveis, a política se torna essencial aos debates".[216]

É imperioso destacar que a cidadania ambiental introduziu-se no "temário de interesses de grupos, povos e classes sociais"[217] a partir do momento em que se colocou em debate a racionalização dos usos dos recursos naturais. Outrossim, "sua proeminência no contexto social é tão contemporânea quanto a própria questão ambiental".[218]

Nesse sentido, se considerado o percurso histórico de construção da cidadania ambiental, é possível compreender que o seu estudo é bem recente, pois "começou a reclamar atenção da sociedade global apenas nas últimas décadas do século XX, trazendo consigo uma série de questões que se relacionam entre si".[219]

Em específico, no que diz respeito ao município de Vitória, e, especificadamente Alto Tabuazeiro, a busca desta pesquisa foi de analisar as ações desenvolvidas pelo Projeto Terra Mais Igual no sentido de minimizar estes impactos ambientais, tais como a degradação ambiental e a ocupação de áreas de proteção, como as encostas de morros, em áreas de riscos, prevenindo a população residente nestes espaços. Justamente dentro desta perspectiva que se inseriu a importância de estudar o viés que estabelece o Projeto.

Em que pese à existência do Programa Terra Mais Igual coube indagar se o referido projeto e as demais ações têm sido eficazes e eficientes de forma a

---

216 Ibid., p. 30.
217 WALDMAN. **Natureza e Sociedade como espaço de cidadania**, p. 545.
218 Ibid.
219 Ibid.

educar os moradores sobre os riscos inseridos nestas áreas inadequadamente ocupadas. Ademais, inseriu-se, então, neste contexto, a busca por averiguar qual tem sido o grau de participação da população, quais os resultados que estão sendo obtidos como reflexo do projeto.

Pois bem, foi com base na pesquisa desenvolvida e apresentada ao longo desta dissertação que podemos estabelecer algumas considerações conclusivas a respeito do questionamento que norteou todos os capítulos com diferentes abordagens: a problemática da ocupação das áreas de risco e sua prudente discussão pela Engenharia, Direito e Sociologia, sem que outras áreas fossem referenciadas, demonstrando a transdisciplinariedade almejada, trouxe-nos a compreensão de que é preciso que as cidades se organizem, e, estas devem contar com o engajamento dos cidadãos no sentido de minimizar os impactos ambientais. Ademais, ao longo dos anos a ocupação do solo urbano não foi devidamente demonstrada como algo que poderia desencadear problemas não somente no campo da urbanização mais acima de tudo como demonstrado ao longo do texto problemas sociais que foram observados pela sociedade e que passou a chancelar esse processo, sem que alternativas fossem apresentadas, tendo em vista os ditames estabelecidos por uma ordem econômica injusta que desde o seu nascedouro não enxergou o indivíduo como a maior vítima deste perverso processo.

Não sem medida que este processo de construção do tecido urbano foi se perpetuando por todo o Brasil, e não diferentemente dos demais estados, no Espírito Santo o modelo foi sendo reproduzido, o que fez com que as áreas de risco fossem a alternativa para uma grande parcela da população relegada dos bens básicos acessíveis a população. Outro não pode ser o quadro desenhado senão o que se apresenta ao longo destes últimos anos, que pode ser datado a partir da década de 60 com o desencadeamento mais acentuado, mormente no que se refere à Região Metropolitana da Grande Vitória.

A área em estudo conseguiu reunir condições favoráveis para o desenvolvimento da pesquisa suas características principais, notadamente no que se refere aos limites em que ficou nítido a desigualdade com outras áreas da região não muito distante, reproduzindo o que Siqueira, no que se refere aos "acirramentos das desigualdades" demonstrando um quadro de importantes problemas que necessitam ser observados pelo estado, pois a sua ausência para com estes problemas desencadeiam outros ainda maiores capazes de fomentar a dita desigualdade.

Retomando a ideia de Bonduki de que os projetos na área de habitação necessitam de um "processo contínuo de avaliação das políticas públicas" foi que tornou-se importante avaliar quais as contribuições (ou não que) o Projeto Terra pôde trazer para a comunidade do Alto Tabuazeiro. Circunscreve dentro dessas contribuições a constatação por meio das idas ao campo de que o número de residências que ainda permanecem em risco foi consideravelmente diminuído, tendo em vista que em 2008 o número de famílias cadastradas como em áreas de risco eram 86. Já em 2015, este número chega a aproximadamente a 10%. Entretanto, deve-se esclarecer que o risco ao qual a municipalidade destaca como prioritário para o processo de remoção é diferente daquele ao qual a literatura indica como sendo indicativo para esta medida. A respeito destas concepções diferentes relativa ao risco Douglas e Wildavsky apontam que: "os cientistas discordam com relação à existência ou não de problemas, qual solução propor e se uma intervenção promoveria melhora ou piora na situação".[220]

Todavia, uma das formas de diminuir as tensões elencadas acima, mediação de interesses e conflitos, é através da educação ambiental, em seus diversos aspectos, desenvolvimento formal e informal, que muito embora será apresentada de forma mais expressa no capítulo terceiro pode ser aqui antecipada. Assim, como afirma Quintas,

> [...] por ser produzida no espaço tensionado, constituído a partir do processo decisório sobre a destinação dos recursos ambientais na sociedade, a Educação no Processo de Gestão Ambiental exige profissionais especialmente habilitados, que dominem conhecimentos e metodologias especificas para o desenvolvimento de processo de ensino-aprendizagem com jovens e adultos em contextos sociais diferenciados. Exige, também, compromisso com aqueles segmentos da sociedade brasileira, que na disputa pelo controle dos bens naturais do país, historicamente são sempre excluídos do processo decisórios e ficam com o maior ônus.[221]

Referenciando o texto acima, é possível extrair da compreensão do autor diversas premissas, tais como: a) a educação como construção de um processo decisório de interesses opostos, b) a transmissão do conhecimento de forma diferenciada de acordo com cada contexto social, e neste sentido a finalidade é alcançar os menos favorecidos ligados por um processo de exclusão.[222] De igual sorte, o processo de engajamento do cidadão pressupõe que o mesmo inserido nas gestão da cidade seja um reprodutor de uma nova concepção dele para com o ambiente, Loureiro observa que:

---

220 DOUGLAS, Mary; WILDAVSKY, Aaron. **Risco e Cultura**: um ensaio sobre a seleção de riscos tecnológicos e ambientais. 2007. ed. Rio de Janeiro: Elsevier, 2012.
221 Ibid., p. 115.
222 QUINTAS, Educação no processo de gestão ambiental: uma proposta de educação ambiental transformadora e emancipatória.

> a educação no processo de gestão ambiental pública significa fundamentalmente estabelecer processos sociais, políticos- institucionais e práticas educativas que fortaleçam a participação dos sujeitos e grupos em espaços públicos, o controle que pode ser entendido aqui como acompanhamento social das políticas públicas e reversão das assimetrias no uso e apropriação de recursos naturais, tendo por referência os marcos regulatórios da política ambiental brasileira.[223]

Vale ressaltar que a abrangência que se procurou adotar no presente trabalho é a de que o debate ambiental está inserido em todas as esferas de governo, bem como, no cotidiano, como forma de acostar a prática da discussão teórica. É, nesse sentido, que se pode aproximar este debate da noção de desenvolvimento tal como Pedro Jacobi idealizou numa perspectiva sustentável na Contemporaneidade:

> Nessa direção torna-se fundamental criar as condições para inserir crescentemente a problemática ambiental no universo da gestão local, e principalmente em relação à dinâmica das políticas sociais. O quadro socioambiental que caracteriza as sociedades contemporâneas revela que as ações dos humanos sobre o meio ambiente está causando impactos cada vez mais complexos, tanto em termos quantitativos quanto qualitativos. O conceito de desenvolvimento sustentável surge como uma ideia força integradora para qualificar a necessidade de pensar uma outra forma de desenvolvimento.[224]

No que se refere ao campo da cidadania como exposto, o objetivo proposto nesta pesquisa foi de observar se o processo de construção de uma consciência cidadã foi ou, se, nos termos dos seu discurso, está sendo desenvolvido pelo Projeto Terra Mais Igual, ainda que por via indireta; O que , ainda, observado nas idas ao campo é como a comunidade se organiza nas cobranças de posicionamentos a respeito das questões do risco. Isto foi feito com base nas demandas elaborados pelos líderes comunitários e protocoladas em diferentes secretaria municipais, na análise do projeto e nos questionários aplicados aos moradores, algumas conclusões afloram:

> a) Tal como identificado no primeiro capítulo, quando foi tratado a respeito da ocupação desordenada do solo urbano, o Movimento Comunitário local tem por certo que: "Tabuazeiro é mais um bairro que cresceu sem planejamento, e por consequência nos força a

---
223 LOUREIRO. **Sustentabilidade e Educação um olhar da ecologia política**, p. 89.
224 JACOBI, Pedro. Poder local, políticas sociais e sustentabilidade. **Saúde e Sociedade**, v. 8, n. 1, p. 31–48, 1999, p. 31.

encontrar soluções para os problemas que deveriam ser calculados de acordo com a sua expansão";

b) Que a alternativa encontrada pelo Município para a realocação das famílias, que tinha por finalidade diminuir os riscos das mesmas, acabou por revelar outros riscos, considerando a falta de um planejamento adequado no que consiste ao aumento desta população, que por certo acaba por trazer outras questões tais como falta de transporte adequado para o atendimento da população, falta de um quantitativo de médicos para suprir as demandas desta comunidade;

c) O Meio Ambiente, é considerado, pelo movimento comunitário da área estudada, como um bem de suma importância. Afinal, existe um engajamento por parte da liderança para criar estratégias de conservação das áreas de preservação ambiental da comunidade. Apesar disto, o que os mesmos têm relatado é que o ambiente tem sido gradativamente degradado, não existindo uma fiscalização adequada de modo a coibir fixação de residências nestas antigas áreas onde habitavam famílias removidas. Os objetivos do Projeto Terra Mais Igual ficam, consequentemente, comprometidos;

d) Com relação ao risco de desastres, existe uma preocupação do Movimento Comunitário para que providências sejam tomadas no sentido que o Município providencie alguma ação com a finalidade de redução de risco de desastres, resguardando assim a vida, mas que não é um anseio coletivo, necessitando da retomada da memória.

Em arremate, podemos considerar que o processo de construção da cidadania ainda permanece com ajustes a serem feitos no decorrer da construção do Estado, ou seja, os direitos e garantias só podem ser requeridos a medida que o amadurecimento dos cidadãos for sendo observado. Neste sentido que, para que uma nova fase se inicie é preciso o engajamento de todos agentes governamentais, não governamentais, na medida em que o diálogo contribui para o aprimoramento dessas de novas ideias.

REFERÊNCIAS

A GAZETA. **Arthur, o construtor de futuros – a trajetória do Governador responsável pela revolução industrial no Espírito Santo.** 27 dez. 2014.

ARAÚJO, Raquel Otoni. **Proteção e Defesa Civil no Contexto de Desastres Socioambientais**: um estudo comparativo das políticas públicas da Comunidade dos Países de Língua Portuguesa. Universidade de Vila Velha – UVV, 2014.

A VILCHES; PEREZ, D. El Antropoceno como nuevo período geológico y oportunidade de construir um futuro sustenible. **Revista Electrócnica de Enseñanza de las Ciencias**, v. 10, n. 3, 2011.

BISSOLI, Márcia. **Recomendações para a sustentabilidade da habitação de interesse social**: uma abordagem do conjunto social de Barreiros, Vitória/ES.

BONDUKI, Nabil. Uma metodologia para avaliar programas de habitação. In: BARREIRA, Maria Cecília Roxo Nobre; CARVALHO, Maria do Carmo Brant de (Orgs.). **Tendências e perspectivas na avaliação de políticas e programas sociais**. São Paulo: IEE/PUC-SP, 2001.

BRASIL. Constituição (1988). **Constituição Federal de 1988**.

_____. **Lei 10.257**. Estatuto da Cidades. Disponível em: <http://www.planalto.gov.br/ccivil_03/_ato2004-2006/2006/lei/l11350.htm>. Acesso em: 10 fev. 2015.

BRUNA. Gilda Collet. Urbanização e regularização de loteamentos e habitações. In: BÓGUS, Lucia; RAPOSO, Isabel; PASTERNAK, Suzana (Orgs.). **Da Irregularidade Fundiária urbana a regularização**: análise comparativa Portugal – Brasil. São Paulo: EDUC, 2010.

CALDERONI, Sabetai. Economia Ambiental. In: PHILIPI JÚNIOR, Arlindo; ROMÉRO, Marcelo de Andrade; BRUNA, Gilda Collet (Orgs.). **Curso de Gestão Ambiental**. São Paulo: Manole, 2004.

CARNEIRO, Alexandre de Freitas et al. Educação Ambiental e o Poder Público Municipal de Vilhena, Rondônia Environmental Education and Municipal Government of Vilhena, Rondonia. **REMEA – Revista Eletrônica do Mestrado de Educação Ambiental**, v. 30, n. 2, p. 152-168, 2014.

CARVALHO, Jose Murilo. **Cidadania no Brasil – o longo caminho**. 11. ed. Rio de Janeiro: Civilização Brasileira, 2008.

CELANTE, Suelem Simão Alves. **Gentrificação**: Impactos do mercado imobiliário sobre a colônia de pescadores de Itapoã – Vila Velha/ES. Dissertação (Mestrado em Sociologia Política da Universidade de Vila Velha), ago. 2014.

CENTRO REGIONAL DEL PROGRAMA DE NACIONES UNIDAS PARA EL DESARROLLO, para América Latina y el Caribe em Panamá. Reducción del Riesgo de Desastres y Recuperación. Que hace el PNUD n Gestión de Risgo de Desastre em América Latina y el Caribe.

DA SILVA ROSA, TERESA. Os Fundamentos do pensamento ecológico do desenvolvimento. In: VEIGA, José Eli da (Org.). **Economia Socioambiental**. São Paulo: Senac, 2009.

DELORS, J. **Educação**: um tesouro a descobrir. Relatório para a Unesco da Comissão Internacional sobre Educação para o século XXI. Brasília: Cortêz, 1999.

DEMO, Pedro. **Cidadania tutelada e assistida**. São Paulo: Autores associados, 1995.

DOUGLAS, Mary; WILDAVSKY, Aaron. **Risco e Cultura**: um ensaio sobre a seleção de riscos tecnológicos e ambientais. 2007. ed. Rio de Janeiro: Elsevier, 2012.

DUARTE, Maurizete Pimentel Loureiro, **A Expansão da Periferia por conjuntos habitacionais na região da Grande Vitória**, Vitória: Grafitusa, 2010.

FONTOURA, Leandro Nazareth Jerônimo. Planejamento urbano-ambiental: o uso e ocupação do solo no Distrito Federal. **Revista on-line IPOG**.

FREIRE, Paulo. **Pedagogia ao oprimido**. 30. ed. Rio de Janeiro: Paz e Terrra, 2001.

FUNARI, Pedro Paulo. A cidadania entre os Romanos. In: PINSKY, Jaime; PINSKY, Carla Bassanezi (Orgs.). **História da Cidadania**. 2. ed. São Paulo: Contexto, 2003.

GUATTARRI, Félix. **As Três Ecologias**. [s.l.: s.n.], 2000.

HOUAISS, Antônio. **Dicionário da Língua Portuguesa Houaiss**. 4. ed. Rio de Janeiro: Objetiva, 2012.

JACOBI, Pedro. Poder local, políticas sociais e sustentabilidade. **Saúde e Sociedade**, v. 8, n. 1, p. 31-48, 1999.

JUNIOR, Arlindo Philippi; MALHEIROS, Tadeu Fabrício. Saúde Ambiental e Desenvolvimento. In: PHILIPI JÚNIOR, Arlindo; PELICIONI, Maria Cecilia Focesi (Orgs.). **Educação Ambiental e Sustentabilidade**. São Paulo: Manole, 2005.

JUNIOR, Arlindo Philippi; ROMERO, Marcelo de Andrade; BRUNA, Gilda Collet. **Uma Introdução à Questão Ambiental**. In: CURSO de Gestão Ambiental. São Paulo: Manole, 2004.

JÚNIOR, Dirley da Cunha; NOVELINO, Marcelo. **Constituição Federal para Concursos**. 2. ed. Salvador: Juspodivm, 2011.

KOHLER, Maria Claudia Mibielli; JUNIOR, Arlindo Philippi. **Agenda 21 como Instrumento para a gestão ambiental**. In: EDUCAÇÃO Ambiental e Sustentabilidade. São Paulo: Manole, 2005.

LEFF, Enrique. **Epistemologia Ambiental**. São Paulo: Cortez, 2007.

_____. **Saber ambiental**. 5. ed. Petrópolis: Vozes, 2001.

LIMA, Marcelo. Urbanização, Segregação e Disputa pelos espaços da cidade: Análise do Projeto Terra. In: SIQUEIRA, Maria da Penha Smarzaro (Org.). **Desenvolvimento Brasileiro Alternativas e Contradições**. Vitória: Grafitusa, 2010.

LIMA, Mário Hélio Trindade de. **Exclusão Social**: representações sociais da pobreza urbana no Brasil. Vitória: Edufes, 2005.

LIRA, Pablo; OLIVEIRA JÚNIOR, Adilson Pereira de; MONTEIRO, Latussa Laranja (Orgs.). **Vitória**: transformações na ordem urbana: metrópoles: território, coesão social e governança democrática. 1. ed. Rio de Janeiro: Letra Capital; Observatório das Metrópoles, 2014.

LOUREIRO, Carlos Frederico B. **Sustentabilidade e Educação um olhar da ecologia política**. São Paulo: Cortez, 2012.

LUCKESI, Cipriano Carlos. **Filosofia da Educação**. São Paulo: Cortez, 1990.

LUZZI, Daniel. Educação Ambiental: Pedagogia, Políticae Sociedade. In: PELICIONI, Maria Cecilia Focesi; JUNIOR, Arlindo Philippi (Orgs.). **Educação Ambiental e Sustentabilidade**. São Paulo: Manole, 2005.

MARICATO, Ermínia. Loteamentos Clandestinos. In: BÓGUS, Lucia; RAPOSO, Isabel; PASTERNAK, Suzana (Orgs.). **Da Irregularidade Fundiária Urbana à Regularização**: Análise Comparativa Portugal-Brasil. São Paulo: EDUC, 2010.

MATTOS, Rossana. **A Região Metropolitana da Grande Vitória**. In: EXPANSÃO urbana, segregação e violência [s.l.: s.n., s.d.].

MENDONÇA, Eneida Maria Souza etc. **Cidade Prospectiva – o projeto de Saturnino de Brito para Vitória**. Vitória/ES; EDUFES, São Paulo – Annablume, 2009.

MENDONÇA, Marcos Barreto de; PINHEIRO, Mariana Talita Gomes. Estudo da percepção de risco associado a deslizamento no bairro do Maceió, Niterói, RJ. **Revista Comunicação e Educação Ambiental**, v. 2, n. 2, p. 78-94.

MORIN, Edgar. **Os sete saberes necessários à Educação do Futuro**. Brasília: Cortêz, 2000.

MUNICÍPIO DE VITÓRIA. Diagnóstico Socioeconômico da Comunidade de Alto Tabuazeiro – Poligonal 14 – mar. 2009.

OLIVEIRA JUNIOR, Adilson Pereira de et al. A Metrópole na rede urbana brasileira e na configuração interna. In: LIRA, Pablo; OLIVEIRA JÚNIOR, Adilson Pereira de; MONTEIRO, Latussa Laranja (Orgs.). **Vitória**: transformações na ordem urbana: metrópoles: território, coesão social e governança democrática. 1. ed. Rio de Janeiro: Letra Capital; Observatório das Metrópoles, 2014.

PELICIONI, Maria Cecilia Focesi. Fundamentos da Educação Ambiental. In: PHILIPI JÚNIOR, Arlindo; ROMÉRO, Marcelo de Andrade; BRUNA, Gilda Collet (Orgs.). **Curso de Gestão Ambiental**. São Paulo: Manole, 2004.

QUINTAS, José Silva. Educação no processo de gestão ambiental: uma proposta de educação ambiental transformadora e emancipatória. In: LAYRARGUES, Philippe Pomier (Org.). **Identidades da Educação Ambiental Brasileira**. Brasília: Ministério do Meio Ambiente, 2004.

REIGOTA, Marcos Antonio dos Santos. Citizenship and environmentaleducation. **Psicologia & Sociedade**, v. 20, n. SPE, p. 61-69, 2008.

RIBEIRO, Luiz Cesar de Queiroz. **Cidade e Cidadania**: Inclusão Urbana e Justiça Social. 2009.

RIBEIRO', Marizélia Rodrigues Costa; RAMOS", Fernando Antônio Guimarães. Educação Ambiental no Cotidiano Escolar: estudo de caso etnográfico. **Caderno de Pesquisa**, v. 10, 1999.

ROUSSEAU, Jean Jaques. **Discurso sobre a Origem e os Fundamentos da Desigualdade entre os homens**. São Paulo: Martin Claret, 2006.

SANTOS, Vânia Maria Nunes. Formação de professores para o estudo do ambiente: realidade socioambiental local e cidadania. In: TRISTÃO, Martha; JACOBI, Pedro Roberto (Orgs.). **Educação Ambiental e os movimentos de um campo de pesquisa**. São Paulo: Annablume, 2010.

SILVA-SÁNCHEZ, Solange S. **Cidadania Ambiental**: novos direitos no Brasil. 2. ed. São Paulo: Annablume, 2010.

SIQUEIRA, Maria da Penha Smarzaro. **Industrialização e Empobrecimento Urbano- o caso da Grande Vitória 1950 a 1980**. 2. ed. Vitória, 2010.

TAVOLARO, Sergio Barreira de Faria. **Movimento ambientalista e modernidade**: sociabilidade, risco e moral. São Paulo: Annablume, 2001.

TOMINAGA, Lídia Keiko; SANTORO, Jair; AMARAL, Rosangela do (Orgs.). **Desastres naturais**: conhecer para prevenir. São Paulo: Instituto Geológico, 2009.

TOSCANO Victor Nunes et al. **A Região Metropolitana da Grande Vitória na transição econômica**: estrutura produtiva e mercado de trabalho.

UR – CONSULTORIA DE SOLOS E FUNDAÇÕES LTDA (BRASIL). Laudo geotécnico sobre estabilidade de encosta do Morro do Macaco, em Tabuazeiro, Vitoria, ES, 25 jun. 1985.

VIEIRA, Liszt; BREDARIOL, Celso. **Cidadania Política e ambiental**. Rio de Janeiro: Record, 1998.

WALDMAN, Maurício. Natureza e Sociedade como espaço de cidadania. In: PINSKY, Jaime; CARLA BASSANEZI PINSKY (Orgs.). **História da Cidadania**. São Paulo: Contexto, 2003.

Entrevistas

Assistentes Sociais Projeto Terra.

Líderes comunitários no bairro Tabuazeiro, abrangendo o bairro Alto Tabuazeiro.

SOBRE O LIVRO
Tiragem: 1000
Formato: 16 × 23 cm
Mancha: 12,3 × 19,3 cm
Tipografia: Times New Roman 10,5 | 11,5 | 12 | 16 | 18 pt
Arial 7,5 | 8 | 9 | 10 pt
Papel: Pólen 80 g/m² (miolo)
Royal Supremo 250 g/m² (capa)